朱惠良——著

文化的記憶

穿越五千年，體驗中華生活文化之美

目錄

自序

《文化的記憶：穿越五千年，體驗中華生活文化之美》脫胎於 1986 年版的《中國人的生活》。而《中國人的生活》之前身乃《幼獅少年》月刊之專欄，以少年朋友為讀者對象，希望借由文字資料、圖畫乃至出土文物，呈現古代中國人生活中食、衣、住、行、育、樂諸多面相，以引發少年讀者對中國傳統文化的興趣。四年半總計寫了五十四篇專欄文章，後由幼獅出版社結集成冊出版。自 1986 年出版後，在臺灣地區很受歡迎，被指定為學生課外讀物，至 1998 年已第九刷。其間，日本二玄社與韓國公州大學分別將此書翻譯為日文版與韓文版；香港地區也將《中國人的生活》書中〈仁者樂山，智者樂水〉一篇選入中學課本中；臺灣地區光啟社則於 2012 年將該書製作成有聲書，分享給視力障礙讀者。

2008 年作者與幼獅出版社合約到期後，重返臺北故宮博物院任職，工作極為繁忙。2011 年退休後，經常外出旅行與演講，重新出版此書之事一耽擱即十餘年。2019 年與北京故宮出版社達成共識，將《中國人的生活》簡體修訂版交予北京故宮出版社出版，2020 年確定繁體修訂版交由臺灣地區的時報出版出版。

　　《中國人的生活》出版迄今三十餘年，修訂增補工作開始時，發現許多新的出土與研究資料，因此，將文章內容加以修改，有些文章甚至全部重寫。同時，為配合修訂之內容，增補更新了大量圖版，行文風格則由原來針對少年讀者的大白話改為適合一般讀者的娓娓道來。

　　修訂版新書名為《文化的記憶：穿越五千年，體驗中華生活文化之美》，分為食、衣、住、行、育、樂與習俗節慶七部分，原版最初撰寫的文章有些為一圖一文，分量較為單薄，於是刪除八篇，留下四十六篇，篇名全部改為七言，一則統一篇目格式，二則抒發作者小小的詩人情懷。

　　重讀 1985 年所寫的自序，感慨萬千，當時通過公費留考赴普林斯頓大學攻讀藝術考古學博士，在美國深造四年半，不能隨侍年邁雙親膝下，故將該書首發原版獻給疼愛我的父母。而今雙親已相繼離世，這才深切體會何謂「樹欲靜而風不止，子欲養而親不待」。新版出書在即，謹以這本全新的《文化的記憶：穿越五千年，體驗中華生活文化之美》獻給天上的爸媽！

　　最後，以本書末篇〈月到中秋分外明〉之語作為總結：「高掛天際的明月照著大地，一片寧靜清幽。自古而今，同一輪月亮見證著一代又一代的中國人不斷學習成長，引領中華文明綿延發展，生生不息！」

朱惠良

2021 年 4 月 12 日 於八里疑不疑居

第一章

食

臘八尾牙
年夜飯

中國人一向被認為是最懂得「吃的藝術」。確實，中國人對食物的選材、搭配和烹調都極為考究，再加上中國幅員遼闊，各地有各自的特殊口味，所以，中國菜式的五花八門，常令人歎為觀止。尤其到了節慶時候，主婦和廚師們更是挖空心思，做些可口又具有深意的菜餚共度佳節。這些節慶食物可以說是中國菜的精華，因為它們不僅色香味俱美，同時還充分體現了中國可親又可愛的古老民俗。

春節，也稱為舊曆年，是中國節令中最大的節日。為了過春節所準備的食物統稱為「年食」。中國人過年是從前一年的臘月，也就是農曆十二月開始，過春節第一樣年食就是「臘八粥」，是在臘月八日這一天吃的一種甜稀飯。通常，臘八粥是用

黃米、大米、江米、小米、菱角、栗子、紅豆和去皮棗泥八樣東西熬成的，另外加上核桃仁、杏仁、瓜子、花生、松子、白糖或紅糖來佐味。粥在臘月七日就上爐熬煮，臘月八日熬好後，先用來祭祖敬佛，然後和家人分而食之，也可以送給親朋好友享用。在東北地區吃臘八粥還有一層含義。因為臘月七日、八日是一年當中最冷的兩天，東北天寒地凍，凍手凍腳，所以，東北人喝臘八粥時，彼此都會祝福一聲：「黏一黏，好過年！」希望一碗熱騰騰、黏糊糊的臘八粥可以把手腳緊黏在身上。

　　臘八過後，接著吃的就是十二月十六日的「尾牙」了。尾牙是中國南方沿海尤其是閩臺地區的民間傳統節日，源於商人拜祭「土地公」（又稱「福德正神」或「社神」）的儀式。每個月的初二與十六是祭拜土地公的日子，稱為做牙。二月初二為第一個做牙，叫頭牙。年尾十二月十六是最後一個做牙，稱為尾牙，主要是感謝土地公一年來的照顧。祭拜神明後的菜餚可以用來宴請員工，稱為打牙祭。每到年尾，各商家行號會在尾牙期間以尾牙宴犒賞員工。現代各公司企業在年終舉行聚餐晚會和員工聯誼活動就是尾牙的遺俗。早期的商家要解僱夥計時，多是利用尾牙宴席來表示。被席桌上菜餚的雞頭朝向的員工，即暗示該人明年就甭來上班了。所以，老闆想要請不太稱職的員工「走路」的話，尾牙是一種不傷感情的含蓄表達方式。不過在現代尾牙宴中，老

圖1 清 周鯤 祭灶圖
臺北故宮博物院藏

闆一般會將雞頭朝向自己或朝向天，讓員工們安心享用佳餚，回家後能過個安穩的新年。

尾牙過後，就到了臘月二十四日，或前後一日的祭灶節。這一天要祭拜灶君，亦稱灶神或灶王爺。祭拜後就送灶王爺回天庭向玉皇大帝述職。灶王爺要向玉帝匯報家家戶戶的善惡是非，玉帝據此決定下一年對此戶的獎懲報應──賜福或降禍。祭灶節這一天被視為過年的開端。清周鯤的《祭灶圖》（圖 1）中，左下方有一間廚房，男主人在廚房中跪拜祭灶神。畫幅上方是乾隆皇帝欽題南宋范成大的《祭灶詞》：「古傳臘月二十四，灶君朝天欲言事。雲車風馬小留連，家有杯盤豐典祀。豬頭爛熟雙魚鮮，豆沙甘鬆粉餌團。男兒酌獻女兒避，酹酒燒（錢）灶君喜。婢子鬥爭君莫聞，貓犬觸穢君莫嗔。送君醉飽登天門，勺長勺短勿復云，乞取利市歸來分。」祭灶時備上好酒好菜，希望灶君醉飽登天門後多幫自己說好話。

臘月事先準備的年食都是經得起放的，像臘肉、燻魚、火腿和年糕等，到了除夕夜，就只忙年夜飯中現做現燒的部分。除了臘味外，燉隻土雞，燒條大魚，這是各地年夜飯中必備的菜餚，土雞補身，大魚象徵年年有餘。另外還有素什錦，也是很多地方年夜飯中不可少的菜。素什錦是用豌豆、黃豆芽、豆乾絲、胡蘿蔔絲、木耳絲、金針菜絲、酸菜絲等十種素菜炒成的。過年大魚

圖 2　清　姚文瀚　歲朝歡慶圖　臺北故宮博物院藏

大肉吃多了，來點素菜最為爽口去膩。東北人家除夕夜喜歡吃火鍋，裡面各種山珍海味應有盡有，鍋蓋一掀老遠就能聞到香味。北方大年夜一定下餃子吃，一鍋水餃中只有一個裡面包著銅錢，誰吃到這個「錢餃子」，來年就會財運亨通。

清代畫院畫家姚文瀚的《歲朝歡慶圖》（圖2）描繪的就是大戶人家過年時的情景。上方閣樓中家僕們正忙著張燈結綵，兒孫輩則在庭院中遊戲，中間廳堂里長輩們邊吃邊聊（圖3），一家人歡樂團聚，一同慶賀佳節。

圖3 清 姚文瀚 歲朝歡慶圖（局部 年夜飯） 臺北故宮博物院藏

圖 4　清　姚文瀚　歲朝歡慶圖（局部　炙松子）　臺北故宮博物院藏

　　園中朱漆凳邊擺著一籃帶子松枝，一小童拿著松枝在炭爐中煨著松子，煨熟後就是深受孩子們喜愛的炙松子了（圖 4）。右邊樓上的廚房裡，婦女們正在調理酒食，一位婦人坐在凳子上忙著包餃子（圖 5），待會兒湯滾了撈起水餃，端進廳堂共進年夜飯時，就看哪個幸運的人能吃到那個「錢餃子」啦！

圖 5　清　姚文瀚　歲朝歡慶圖（局部　包餃子）　臺北故宮博物院藏

粒粒米粟
皆辛苦

　　中國以農立國，農是國家的根本。自古以來，農民在全國人口中占了大部分，農民生活是社會重心所在，農民勤勞節儉與刻苦的習性，也成為中華優秀傳統文化的一部分。

　　中國農業起源極早，在新石器時代就已經有農作物的栽培。新石器時代文化遺址中，發現了小米、稻、白菜、花生、蠶豆、芝麻和菱角等農作物遺跡，同時也出土不少石製與木製的農具，如鏟、刀、鐮等工具。可見新石器時代的中國農業已經相當進步，可以進行有計劃的耕種與栽培。

　　到了商周時期，中國人的主食作物又增加了麥和大豆，不過，耕種技術並沒有太大發展。春秋末期，由於冶鐵技術的發明，開始大量生產鐵製農具。鐵製農具較木、石製農具更為鋒

利，同時也開始使用牛來耕田，耕作效率明顯提升，農作產量隨
之增加。為使農作收成更好，戰國時期開始推動水利建設，強化
灌溉設施，於是，農業發展一日千里，稻麥良田一望無際。

　　中國人種田的方式與步驟到漢代已經成熟定型，之後並沒有
多大改變，頂多是農具和水利設施的改良，農作基本形態則一直
維持著漢代以來的古老傳統。以南方稻作為例，稻子秋收以後，
農家就翻鬆整理田中土壤，到了來年正月，再犁幾次田，使土壤
更細，利於播種。播種前，先將稻種浸泡三四天，然後澆上溫
水，幫助稻種早些發芽。播種後，秧苗須先在秧田中培植月餘之
後，才能用插秧的方式移植於稻田。嫩綠的秧苗插完後，須經常
施肥、除草和灌溉，以保護並培育稻穀的生長。秋天到了，金黃
的稻穗如層層波浪般在秋風中緩緩推移，這時最高興的就是農家
了，全家老少一齊出動，割的割，捆的捆，運的運，一年的汗水
辛勞化為手中黃橙橙的稻穀，那份收穫成就真是讓人心滿意足！

　　民以食為天。在古代中國，辛勤的農民是國家富強的基石，
農民可以說是國家命脈。有感於農民們的貢獻，歷代文人以詩歌
吟詠，畫家用彩筆描繪，將農家生活種種入詩入畫，表達對農民
的感謝與敬佩。漢代壁畫中已出現描繪農耕情況的繪畫，其後各
代均有不少以農村生活為主題的畫作。

　　南宋時期，浙江於潛縣縣令樓璹曾跑遍該縣轄下十二鄉，深

入田間地角，出入農家，長期觀察農作與蠶桑紡織的生產過程，最後以詩配畫的方式記錄下當時的耕織技術，繪製完成《耕織圖》四十五幅。全圖有耕圖二十一幅、織圖二十四幅，完整呈現了當時的耕織體系，其中記載的許多耕織知識與生產工具一直沿用至今。樓璹的《耕織圖》得到歷代帝王的推崇和嘉許。到了清代，康熙皇帝見到樓璹的《耕織圖詩》後，有感於織女之寒與農夫之苦，傳命內廷供奉焦秉貞以樓圖為基礎，重新繪製，計有耕圖和織圖各二十三幅，康熙皇帝並於每幅制詩一首。乾隆皇帝即位後，又令畫院畫家學習此風繪製多本《耕織圖》，其中陳枚所繪甚得乾隆皇帝賞識，遂於每幅上方欽題恭和康熙皇帝《御製耕織圖》詩原韻詩一首，冊前並有乾隆皇帝題記：「昔我聖祖仁皇帝嘗譜農功蠶事之始終，繪圖各二十三幅，幅繫以詩序而刻之，以示子孫臣庶，予少見而慕之。及長，少知文律，口詠心惟，於序所稱衣帛思織女之寒，食粟念農夫之苦，未嘗不三復流連而不能自已也。爰依次步韻，引申觸類，以闡教思之深，志景行之切。竊惟我皇祖臨御天下六十有一年，實政深仁，淪浹於四海，皆重農桑，勤恤民隱之心，所充積而四達也。因命工繪前圖，每幅書舊作於上，自惟辭義塞淺，不足以續聖制之高深，而朝夕披覽，庶幾無忘初志，於我皇祖勤恤民隱之實心實政，孜孜不敢少怠云耳。」

圖 1　清　陳枚　耕織圖之浸種、耕　臺北故宮博物院藏

　　陳枚《耕織圖》中「浸種」與「耕」二幅（圖 1），描繪一名農夫捧著一竹簍稻種，正交給水田中的小童，準備開始浸種工作。浸種是讓種子能充分地吸水，在適宜的溫濕度下，促使種子迅速均勻地發芽。對幅「耕」圖中的農夫正催著老牛犁田，將深層土翻到表層，增加土壤的肥沃度，準備播種。另有「拔秧」與「插秧」二圖（圖 2）。稻種播到秧田中一個月左右，秧苗長成三片葉片加一片心葉後，即可拔秧移栽至大田中。對幅「插秧」描繪數名農夫捧著秧苗，一面彎身將秧整齊地插入水田中，一面閒話家常。而「收刈」與「登場」（圖 3）二圖中，則見稻熟穗

圖2　清　陳枚　耕織圖之拔秧、插秧　臺北故宮博物院藏

圖3　清　陳枚　耕織圖之收刈、登場　臺北故宮博物院藏

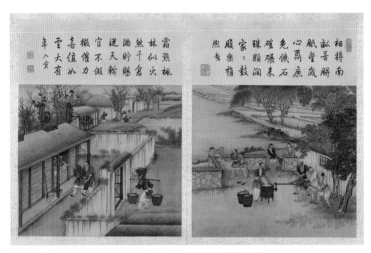

圖4　清　陳枚　耕織圖之礱、入倉　臺北故宮博物院藏

垂，一家老小忙著割稻拾穗，再將一束束黃澄澄的稻穗堆成草
垜。然後將稻穗用竹篾圍製成形狀略像磨的農具「礱」去掉稻殼
後，即可入倉貯存（圖4）。待稻穀收割完畢，農民們叩首祭拜
農事相關神明以答謝其庇佑，祈禱風調雨順，五穀豐收（圖5）。
重視農事的皇帝更命當時的製墨名家曹素功，將祭神之圖與御題
之詩製成長方形墨，圖畫上方金書「祭神」（圖6）。另一面金
書御詩，墨側有陽文款「曹素功謹制」。御製耕織圖詩墨一套二
十四件，收於雙龍「御製耕織圖詩墨」漆提盒。

圖5 清 陳枚 耕織圖之祭神
臺北故宮博物院藏

圖6 清 曹素功 御製耕織圖詩墨
之祭神 臺北故宮博物院藏

　　正如《耕織圖》之「收刈」上方乾隆皇帝所題詩句「桐風瀟瀟
露珠晞，滿野黃雲映落暉。是處腰鐮收穫遍，擔頭挑得萬錢歸」，
收割好的稻子打穀碾米，留下家用部分後，再將稻米拿到市場交
易，農家一年的辛苦換得錢來，保障了全家溫飽和樂的生活。

揉麵做餅
香四溢

　　中國人的日常飲食由主食和副食組成。主食因地而異，南方人以稻米為主，北方人則以小麥和粟為主。據考古發掘，中國最早人工栽培的稻穀出現於距今一萬多年前的遺址中，而在距今四千年左右的遺址中則發現了最早的麵條，可知新石器時代的中國人已經能夠栽培稻與麥等主要農作物。

　　小麥磨成麵粉，可以做成各類麵食，而在古代中國，所有的麵食都叫作餅。東漢《釋名》記載：「餅，並也，溲麵使合併也。」「溲」意為用水浸濕，即用水與麵粉揉合做出的食物叫作餅，因此，餅就成為古代麵食的通稱。

　　中國人吃餅的歷史很久，在漢代就已經有專門主持餅食事務的官員，稱為湯官。漢代的麵食已有不少種類，但無論是籠蒸、

圖 1　魏晉　墓磚畫之蒸餅　甘肅省博物館藏

火烤、油炸、水煮或鍋烙，都稱為餅。一般而言，入爐烘烤的叫燒餅，入鍋蒸的叫蒸餅，入湯烹的叫湯餅，用豆粉和糖做的油炸麵圈叫環餅，含牛乳的叫乳餅。

　　現存最早描述餅食的文章，是西晉才子束皙在寒冬嘗過風靡洛陽的湯餅後，所寫膾炙人口的《餅賦》。賦中提到將麥子去掉麥麩磨製成麵粉之後，在春天可做成饅頭，夏天做成薄涼麵皮，秋天做發麵餅，冬天則可做成湯餅。冬天的湯餅製作，先將麵粉與水揉成麵糰，待湯燒滾之後，「麵彌離於指端，手縈回而交錯……弱如春綿，白若秋練……」，將手撕成的麵片或捻成的麵條下鍋煮熟，再加上事先備好的羊肉、豬肉、油脂、蔥、薑、椒與鹽等配料，即成湯餅。

　　古代人做餅其實跟現代人沒什麼兩樣，看看魏晉彩繪墓磚畫中的婦女正在盆中揉麵和爐上烙餅，後方牆上掛著鐺與箕等廚具（圖 1）。新疆出土唐代墓葬群中的女俑們則呈現了唐代

婦女做餅的全套過程：舂糧、簸糠、推磨、擀麵和烙餅。待餅烙好以後，就可以像彩繪磚畫中的女子一般端著餅食（圖 2），送進廳中讓等待的家人們飽餐一頓。

自漢代張騫「鑿空」西域，東西方的商人沿著張騫探出的路徑往來貿易，逐漸打造出舉世聞名的絲綢之路，經由絲路引進的西域特產中有胡餅一項。東漢《釋名》中記載：「胡餅，作之大漫沍也，亦言以胡麻著上也。」「漫沍」是麵糊的轉音，東漢時期把麵糊上鋪芝麻的餅叫作胡餅。北魏時期《齊民要術》載有胡餅做法：「麵一斗，羊肉二斤，蔥白一合，豉汁及鹽，熬令熟。炙之，麵當令起。」記述唐人生活的《唐語林》一書更詳細記載

圖 2　魏晉　墓磚畫之奉餅　甘肅省博物館藏

了當時調製胡餅的方式：「時豪家食次，起羊肉一斤，層佈於巨胡餅，隔中以椒豉，潤以酥，入爐迫之，候肉半熟食之，呼為『古樓子』。」胡餅由漢至五代而宋，在中原甚為流行。到了現代，還有餐廳根據《唐語林》的敘述，將羊肉餡鋪在大胡餅夾層中加入青椒豆豉，再將餅貼在爐內，等羊肉烘烤至半熟狀態，又香又酥的「古樓子」胡餅就可出爐享用了！

　　宋代畫家張擇端在《清明上河圖》中描繪了汴梁街頭胡餅攤子（圖 3）供不應求的情況。店主忙著把烙好的胡餅遞給排隊的顧客，爐邊架子上擺著十幾個壓有花紋的胡餅，模樣和現在的新疆烤饢一樣。饢是自西域傳入新疆的胡餅。正如宋孟元老《東京夢華錄》書中描述：「八荒爭湊，萬國咸通。集四海

圖 3　宋　張擇端　清明上河圖（局部　胡餅攤子）
北京故宮博物院藏

之珍奇，皆歸市易；會寰區之異味，悉在庖廚。」《清明上河圖》中呈現的即是北宋都城汴京的繁榮景象。

中國歷史上，吃胡餅最為人知曉的故事當推東晉大書法家王羲之。《太平御覽》中記載：「郗虞卿聞王氏諸子皆俊，令使選婿。諸子皆飾容以待客，羲之獨坦腹東床，齧胡餅，神色自若。使具以告，虞卿曰：『此真吾子婿也！』問為誰，果是逸少。乃妻之。」王羲之在岳父挑選女婿時，不但沒有像其他兄弟一般刻意裝扮，反而打著赤膊神色自若地在東床上啃著胡餅吃。這樣瀟灑不做作的王羲之被岳父郗鑒相中，決定將女兒郗璇許配給他，後世「東床快婿」一詞即典出於此。

經過近兩千年的演化，餅發展出各種各樣做法與名稱，如餺、饃、饅頭、包子、鍋盔、火燒、麵片和麵條等等，林林總總不一而足。還有些取了極好聽名字的餅，例如五福餅是包著五種不同餡料的餅；蓮花餅是包著十五層顏色餡，每層餡裡都做一個折枝蓮花的餅，相傳這種餅的做法是北周時期從宮廷中流傳出來的。

想吃湯餅的話，就把揉好的麵糰撕成麵片或捻成麵條，下到煮滾湯水的鍋中，不一會兒擱上蔥、薑、油、鹽、花椒等作料，熱騰騰的湯餅上桌，那股香氣可就像《餅賦》裡形容的：「氣勃鬱以揚布，香飛散而遠遍，行人垂涎於下風，童僕空嚼而斜盼，擎器者舔唇，立侍者乾咽。」想試試嗎？自己在家也做一鍋吧！

飲茶趣　煮煎點泡

　　飲茶的風氣在中國由來已久，茶最初是當作藥用的，因為它能祛痰、驅熱、解渴，又能提神、消宿食並便利排泄，所以，人們有了這些毛病時，就取茶葉煎煮服用。茶味雖苦，但飲後口中仍留甘味，頗得人們喜愛，久而久之，茶就變成日常飲料了。

　　歷代飲茶風俗各異，由茶葉加工程度、製茶工序以及所用器具之不同，可將歷代飲茶方式分為煮茶、煎茶、點茶與泡茶四種。隋唐以前茶葉幾乎沒有加工，多被當作藥材或食材，所以，最早的飲茶方式近似於烹製中藥，將新鮮或曬乾的茶葉加水煮成湯汁飲用。

　　到了唐代，開始將茶葉製為茶餅，或稱團茶，可長久貯存。飲用時將茶餅炙烤碾碎後，將碎茶末投入煮沸的水中煎煮，然後

將茶湯舀入茶盞中飲用，是為煎茶。有時也會加入蔥、薑或橘皮
等其他輔料飲用。煎茶是一門學問，不像現在滾水一沖即成。唐
代煎茶情景可於閻立本的《蕭翼賺蘭亭圖》中得見（圖1）。畫中

圖1　唐　閻立本　蕭翼賺蘭亭圖　臺北故宮博物院藏

央是一個鼎爐，內燃炭火，火光由鼎壁小窗透出，頂上單把鍋內正煮著茶湯。老僕人手持的調茶工具，叫作茶筅，是煎茶時用以在鍋內攪勻茶末的用具。手持黑色盞托及白色茶碗的小童躬身立於一旁，等著將煎好的茶湯注入碗中。以前的茶碗或茶盞沒有把手，注入熱茶湯後用盞托承著，以免燙手。現在喝茶已不用盞托，另以小茶碟子代替。盞托形制大同小異，材質則有漆、木、瓷或金屬等，多在口沿花飾上加以變化。如宋代定窯牙白茶托

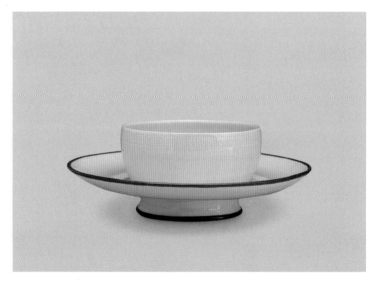

圖2　宋　定窯茶托　臺北故宮博物院藏

（圖 2），形如帶盤之碗，茶托上方的深腹碗形為承放茶盞之托
圈，托中空無底，盤口及圈足均鑲銅邊，圈口與盤口刻劃迴紋為
飾，釉色牙白瑩潤，十分美觀。宋代劉松年的《碾茶圖》（圖 3）
中描繪了碾茶的場景。畫幅左下的僕役正轉動碾磨將茶餅碾碎成
茶末以便篩細貯存；芭蕉湖石旁之方桌上，疊放著茶盞、盞托、
篩茶的「茶羅」和貯茶的茶盒等茶具；桌旁一僕役一手執茶盞，
一手執茶瓶正將茶湯注於茶甌中，茶甌邊放著茶筅；方桌側架一

圖 3　南宋　劉松年　碾茶圖　臺北故宮博物院藏

茶爐，桌後則是上覆防潮箬葉的貯茶茶甕。

　　宋代是中國飲茶的黃金時代。當時流行點茶，是將碾好的茶末置於茶盞，再以沸水注入，沖點而成，並發展出評比茶藝技巧手法的鬥茶。鬥茶先以點茶法沖泡，點茶前須先溫盞，使茶末易於浮起。溫盞後將茶末撒於盞中，並將燒至九十攝氏度左右的熱水加入少許之後，均勻攪動成膏糊狀，接著注入沸水時，須用茶筅擊打拂動茶湯，讓茶湯泛起湯花，最後評比優劣。鬥茶決定勝負的因素主要是湯色、湯花與茶味。湯色即茶水顏色，以純白為上，其次為青白、灰白和黃白；湯花是指湯上泛起之泡沫，以勻細鮮白為上；茶味則與水溫有關，羅大經《鶴林玉露》載：「湯欲嫩，而不欲老；蓋湯嫩，則茶味甘，老則過苦矣！」所以，鬥茶必須做到色、香、味俱佳，才能獲勝。宋代鬥茶好用白茶黑盞，白茶是用茶樹春暖抽芽時的白色嫩尖製成，色白似雪，沖在黑色的茶盞中，黑白相映，煞是好看。古詩有「鳴碗翻湯湧雪花」、「紫玉甌心雪濤起」等句，都是形容鬥茶時的盞中美景。

　　除了鬥茶，宋代還流行茶宴，宋人《文會圖》（圖4）中就描繪了一場典型的茶宴。五名童僕正在準備茶酒，中央一人用勺將煮好的茶湯舀入黑茶托上的青瓷茶碗中，左側炭爐上正燙著兩壺酒，已燙好的酒則擱在右側方几上裝有熱水的青瓷溫碗中保溫。通常溫酒碗與酒壺的花色是成套的。目前唯一傳世的

圖 4　宋　文會圖　臺北故宮博物院藏

宋代汝窯溫碗（圖 5），造型像一朵綻放的蓮花，花瓣微微外張，淡淡的青釉色中帶了點藍，全身滿佈細密的開片紋，如同五代顧閎中所繪《韓熙載夜宴圖》（圖 6）中那樣用成套酒壺溫碗來溫酒奉酒，之後再來一杯清香撲鼻的熱茶，豈非人間一大樂事！

圖 5　宋　汝窯蓮花溫碗　臺北故宮博物院藏

　　中國人飲茶因明代禁造團茶改用芽茶（即葉茶），而發展出新的泡茶方式，即將茶葉直接放入茶壺或茶碗、茶杯中，再注入沸水沖泡後飲用。因泡茶法簡便，從此取代了以往的煮茶、煎茶與點茶方式，一直沿用至今。

圖6　五代　顧閎中　韓熙載夜宴圖（局部）　北京故宮博物院藏

撲棗吃棗
推棗磨

　　水果和點心是中國人常見的吃食，水果中的棗很受歡迎。棗屬溫帶果樹，是中國的原生水果，果肉香脆，味甜或酸甜，汁液豐富，吃起來很爽口。中醫認為棗性平，味甘澀，具有健脾養顏、生津益胃、安神寧心以及通便利尿功效。古籍記載：「日食三棗，長生不老」，所以，棗被古人稱為長壽果。清代《本草備要》謂大棗能「補中益氣，滋脾土，潤心肺，調營衛，緩陰血，生津液，悅顏色，通九竅，助十二經，和百藥」，可知棗能夠幫助消化，促進食慾，益氣補血，益胃生津，養顏美容，是對身體健康很有幫助的水果。鮮棗當水果吃，乾棗則宜煲湯、煮粥、泡茶、當零食吃，吃不完的棗子做成棗泥，吃法就更多樣了。

　　棗樹通體是寶。棗木密實堅硬，適合做馬車車軸或房屋立

柱；棗葉能入藥，葉芽或嫩棗葉製成茶，可以養心安神，降低血
脂並提高免疫力；棗花蜜則具有抗菌消炎，潤肺腸，補脾益腎，
解毒保肝與養生延年等功效；棗素有「天然維生素丸」的美譽，
無論鮮棗還是乾棗，都有滋陰補血之效。中國的棗品種繁多，鮮
棗有兩百多個品種，經過乾燥、醃漬、蜜製後更多至七百多種。
棗大小不一，形狀有長圓、橢圓和圓形等。新鮮棗吃不完，可以
用來製作棗酒，或者保存在酒液中製成酒棗。

　　唐代詩聖杜甫回憶少年時摘棗情景：「憶年十五心尚孩，健
如黃犢走復來。庭前八月梨棗熟，一日上樹能千回。」到了農曆
八月中旬，棗已熟得豔紅，站在棗樹底下，拿一根竹竿朝樹梢上
打幾下，就會有不少紅棗落地。剛落下的棗兒脆甜可口，特別好
吃。清代宮廷畫家冷枚在《農家故事圖》冊之「打棗」（圖1）
中生動地描繪小孩兒打棗的情景。小傢伙有的持竿打著棗枝，有
的撩起衣角等著接掉下的棗，也有的急忙彎腰撿著掉落一地的紅
棗。宋人畫《撲棗圖》（圖2）中，七位小童興高采烈地圍繞著
一棵棗樹，站在方凳上的小童踮著腳伸手摘下棗兒，身後一童扶
著他怕有閃失，另一小童頭頂竹盤盛放棗，其餘四童或是拽著棗
枝，或是伏身拾棗，或是用衣角兜棗，或是抱著棗罐子。一會兒
小童們把棗搬回屋裡，就可以大快朵頤了。

　　棗還能做成棗磨供小朋友玩耍。看看宋代畫家蘇漢臣《秋庭

圖 1　清　冷枚　農家故事圖冊之打棗　北京故宮博物院藏

戲嬰圖》（圖 3）中的棗磨，是用三枚鮮棗做成，比較大的一顆棗子削去上半部果肉，露出棗核尖，下邊插上三根竹籤作為磨臺，另外用兩顆大小相當的棗插於細竹籤兩端，再將插著鮮棗的竹籤擱在磨臺的棗核尖上，取得平衡後就可用手指推棗轉動玩耍，形似推磨。姐弟二人圍著黑漆圓凳，正聚精會神地玩著推棗磨的遊

圖 2　宋人　撲棗圖　臺北故宮博物院藏

戲。他們兩人輪流推棗磨，比賽誰轉得最穩、次數最多。

　　蘇漢臣最擅長畫兒童，右側女孩穿著白色淺花紋的交領衫
（圖 4），繫著紅腰帶，下著白紗長褲，頭上髮髻用青絹包裹，
是當時少女常梳的雙丫包髻，青紅色髮帶上垂於面部的珍珠裝飾
物叫作「珍珠釵插」。男孩身穿紅色金紋對襟罩衫，下著白色印

圖 3　宋　蘇漢臣　秋庭戲嬰圖　臺北故宮博物院藏

圖 4　宋　蘇漢臣　秋庭戲嬰圖（局部　推棗磨）
臺北故宮博物院藏

花褲。頭髮剃光，只留頂前一綹，是古代男孩流行的髮型，稱為
鵓角。《宋史》中記載：「剃削童髮，必留大錢許於頂左，名
『偏頂』，或留之頂前，束以綵繒，宛若博焦之狀，或曰『鵓
角』。」白衣女孩小嘴微張，露出一排細細的白牙，手指略張，
像是剛剛撥弄完轉盤；紅衣男孩嘴角微翹，似笑非笑，伸出小手
正要推動棗磨，緊張得罩衫都滑脫了肩膀，顯然是戰況膠著！

　　兩人的體態服飾寫實自然，稚氣的神情與動作栩栩如生，全
神貫注的眼與躍躍欲動的手，全都聚焦於漆凳上的玲瓏棗磨。別
瞧棗磨小，它可好玩得能讓人打發掉大半天時光呢！

第二章

衣

蠶桑成熟
織夏衣

　　三萬年前的中國，北京周口店山頂洞人已經開始用骨針將獸皮縫製成蔽體的衣物；之後，聰明的古代中國人更發展出用植物纖維織成麻布的技術；到了公元前五千年左右，黃帝時期的人們已經懂得飼養家蠶，然後繅絲織成絲織物，相傳黃帝之妃嫘祖就是教人們養蠶的始祖。商周以後，隨著社會經濟的發展，蠶桑絲織業越來越興盛，中國也是當時世界上唯一能生產絲綢的國家。中國絲織品種類繁多，如綾、羅、綢、緞、錦、絹、紈、紗等。由於絲織技術先進，製作精美，漢代時絲織品即已著稱於世。西漢張騫通西域後，中國與中亞、印度間的絲綢貿易遂取道張騫探出的西域商道，大量絲織品經由西域銷至中亞與歐洲，此一路徑即是舉世聞名的「絲綢之路」。

圖 1　清　陳枚　耕織圖之採桑、分箔　臺北故宮博物院藏

　　早期的絲織工藝大都出於一般百姓之手，從採桑、養蠶、煮繭、繰絲到紡織全是自家人包辦。每到蠶熟時節，一家老小全體總動員，裡裡外外，分工合作，忙得不亦樂乎。在江南一帶，一年蠶可四熟、五熟，最忙的一季就是春末夏初，這時候家家戶戶將交際應酬幾乎全都取消，所有的人力物力都集中在蠶事上面。古代中國，耕田是男子的事，養蠶織布就是女人的工作，一到蠶熟，婦女們可就忙到連頭髮都沒時間梳了！

　　絲綢是用絲織成的，絲是蠶吐出來的，而蠶又是靠吃桑葉長大的，所以講到絲綢製作首先要從桑樹談起。桑樹是一種極有用處的樹木，其木材可以做器具，樹皮纖維可以造紙，果實為桑葚，可以食用，桑葉可以飼蠶。清代院畫《耕織圖》中的

圖2 清 陳枚 耕織圖之窖繭、練絲 臺北故宮博物院藏

「採桑」與「分箔」（圖1）圖中，腰繫竹籃的小童正爬上桑樹幹準備摘取桑葉，另一小童則已摘滿一籃桑葉，正在一把一把地拋入下面大叔的衣兜裡，落到地上的桑葉則由小夥伴撿拾起來放入大竹簍中。等大竹簍都貯滿桑葉，就可以擔回去餵養蠶寶寶了。蠶寶寶吃桑葉逐漸長大，等蛻四次皮、眠四次後，開始吐絲結繭。結繭時需仔細分箔置放，待繭結完後，再經過幾道工序即可製成絲帛。

《耕織圖》中「窖繭」與「練絲」（圖2）圖中，右幅一男子正將成繭稱斤論兩，另一男子將稱好重量的成繭放入竹簍中，準備入窖存放。左幅二位婦女，一位捧著一籃已挑出來的圓正好繭。已擇揀出來的好繭入水煮後絲緒不亂，繰起絲來不易糾結。

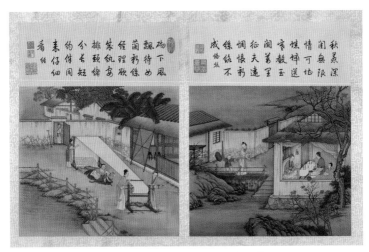

圖 3　清　陳枚　耕織圖之絡絲、經　臺北故宮博物院藏

另一婦人蹲踞在地，以竹管吹風煽火煮繭。蠶繭是由絲素與絲膠構成，絲素是近於透明的纖維，絲膠是裹於絲上的黏性物，絲不溶於水，而絲膠則易溶於水。用水煮蠶繭使絲膠分解，蠶絲易於抽引而出，這道工序稱為「繅絲」。一男子坐於爐旁，用竹條將絲頭挑起掛於架上之繅筒，這種隨煮隨抽絲的方式稱為「熱釜繅絲」。剛繅好的絲上還存有絲膠和雜質，需要再經過「練絲」工序才能進一步去除。練好的絲極細，需要將幾股絲纏在一起，增加絲的韌度。《耕織圖》中「絡絲」與「經」（圖 3）圖中描繪婦女將二大輪上的細絲捻成一股，纏繞在小輪上備用。絡好的絲即如乾隆皇帝的題詩所云「新絲經理欲成紝，安排頭緒分長短」，然後就可以織成一匹匹美麗的絲帛了。

圖4　明　吳彬　歲華紀勝圖冊之蠶市　臺北故宮博物院藏

　　中國古代神話傳說中有一蠶神名「蠶叢」，他是養蠶專家，帶領百姓從四川岷山遷入成都平原。蜀地在蠶叢治理下，以蠶桑興邦，經濟勃興，國力強大。

　　北宋黃休復《茅亭客話》中記述，蜀中有蠶市，父老相傳，古蠶叢氏為蜀主之時，民無定居，跟隨蠶叢遷徙，所在即招致為市，進行交易，暫時居處。這樣的習俗逐漸發展為蠶市，即買賣蠶具的市集。每年正月至三月，成都州城及屬縣循

環開設蠶市十五處，買賣蠶具兼及花木、果品、藥材雜物，並供人遊樂。蘇轍曾於詩中言道：「眉（四川古稱）之二月望日，鬻蠶器於市，因作樂縱觀，謂之蠶市。」成都蠶市源於唐代，宋代已發展為蠶市最為興盛的時期，其交易活動頻率之頻繁、規模之大皆為空前。明代畫家吳彬《歲華紀勝圖》冊之「蠶市」（圖4），描繪農家採桑、上蔟、擇繭、煮繭、繰絲、織布等情況，織好的絲帛成簍成簍地由水路或陸路運到蠶市中販賣，農家老老少少全體總動員，分工合作，忙得不亦樂乎。

　　古人養蠶治絲，從栽桑、採桑、上蔟、擇繭、繰絲、絡絲到染色、紡織、剪帛乃至成衣，我們身上所穿的一絲一縷真是來之不易啊！

搗練熨整 製新衫

古代養蠶所取之絲由絲素與絲膠構成，雖然經過煮製繰絲工序後，可以除去部分絲膠和雜質，但絲素上仍會有殘餘黏附。所以，繰絲所取之絲質感較粗糙僵硬，需要再經過「練絲」這道工序進一步去除絲上的絲膠與雜質，使其更加柔軟白淨，呈現出光滑富彈性的絲質特色。通常將已練過的絲稱為熟絲，未練的絲叫作生絲，熟意為精製，生是指粗製。

生絲製成的織品通稱為練，質地硬而發黃，必須經過煮沸、漂白和搗練等工序，才能製成衣裳。搗練是古代製作絲質衣服必經的步驟，用木杵反覆捶搗漂煮過的絲帛，使生絹上的絲膠脫除成為潔白柔軟的熟絹。搗好的素練經過熨燙平整後，即可裁剪縫製成衣裳，所以搗練也稱作搗衣。宋代以前，採用

站立執杵搗練方式，杵長與人同高；宋代以後漸由站立執杵改為對坐雙杵，杵長縮短，雙手各握一杵捶打，如此既省力，又能提高效率。

古代社會男耕女織，搗練工作皆由婦女擔任，搗練通常在秋夜，因為古時婦女白日多操持家務，搗練、紡織、縫紉等工作要到夜晚才有時間進行。秋天是染布的時節，搗衣是染布前後的工序，如在白天舂搗，絲帛曝曬於陽光下，會迅速乾燥，質地脆裂不利於縫製，故宜於夜間舂搗後風乾。所以，詩文中關於搗練的描述皆為夜晚，如李白的「長安一片月，萬戶搗衣聲」和杜甫的「客子入門月皎皎，誰家搗練風淒淒」等。唐代詩人王昌齡的《長信秋詞》：「長信宮中秋月明，昭陽殿下搗衣聲。白露堂中細草跡，紅羅帳裡不勝情。」則委婉地用秋季月夜宮闈殿宇中的搗練聲，來凸顯宮廷婦女的蕭索落寞。

六朝以來開始興起搗衣題材的文學作品，詩人將搗衣聲響與熨整裁衣的情景化為生動的文字，如唐人《送衣曲》：「月明中庭搗衣石，掩帷下堂來搗帛。婦姑相對初力生，雙揎白腕調杵聲。高樓敲玉節會成，家家不睡皆起聽。秋天丁丁復凍凍，玉釵低昂衣帶動。夜深月落冷如刀，濕著一雙纖手痛。回編易裂看生熟，鴛鴦紋成水波曲。重燒熨斗帖兩頭，與郎裁作迎寒裳。」詩中「重燒熨斗帖兩頭」句描述的是將捶搗漂煮過

的絲帛以熨斗燙乾。明代仇英的《漢宮春曉圖》（圖 1）中，描繪有宮女們將搗洗過後的素練燙平的景象，兩名宮女手持木棍穿過素練，分別往兩端拉扯，使絹面平滑無皺，另兩名宮女一手托著素練，一手拿著盛滿燒紅木炭的銅熨斗在絹上滑動，把搗捶擰乾而生皺褶的素練熨燙平整。兩漢時期的人們已經開始用熨斗來熨燙衣服。古時候的熨斗像一支長柄大勺，一端長把為手握之處，另一端平底碗狀物則用以盛放燒紅的木炭，借平底產生的熱量來熨平衣物。因為它的形狀像天上的北斗星，所以也叫北斗，而熨燙衣服須將燒紅的木炭放進平底碗中使用，

圖 1　明　仇英　漢宮春曉圖（局部　熨燙）　臺北故宮博物院藏

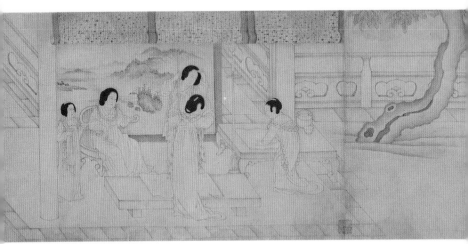

圖 2　宋　牟益　搗衣圖（局部「簷高砧響發，楹長杵聲哀」）　臺北故宮博物院藏

因此也叫火斗。如果是採用鎏金工藝精製的熨斗，則稱為金斗，如南朝梁簡文帝詩句「熨斗金塗色，簪管白牙纏」，是富貴人家用品，民間一般尋常百姓可是用不起的。

　　以搗衣題材入畫，則不僅展現婦女搗衣的情景，更多著墨於閨中女性幽怨含蓄美之呈現，例如宋代畫家牟益的《搗衣圖》。此圖是依南朝詩人謝惠連《搗衣詩》之詩意而作，明代書家董良史將該詩題於卷末（圖 4）。牟益以白描淡墨描繪婦女們在晚秋將寒時節，進行搗練、剪裁、製衣、裝箱、封寄的情景。

　　曲欄雙楹間掛著湘簾（圖 2），簾下一女舉杵捶搗，一女

圖3 宋 牟益 搗衣圖（局部「裁用筒中刀，縫為萬里衣」） 臺北故宮博物院藏

理鬢拭汗稍事歇息，畫幛前的主婦端坐圈椅上監看搗練工作，這個場景正是謝惠連詩句「簪高砧響發，楹長杵聲哀。微芳起兩袖，輕汗染雙題」的畫面；接著在山水屏風床榻上（圖3），二女裁布一女縫衣，另三女於榻旁屏側觀看，呼應「紈素既已成，君子行未歸。裁用筒中刀，縫為萬里衣」詩句；卷末榻上三女，二女將製成的冬衣裝入箱篋，一女手持腰帶，露出不知

圖4　宋　牟益　搗衣圖（局部「腰帶准疇昔，不知今是非」）　臺北故宮博物院藏

尺寸是否合適夫君的愁容（圖 4），正是「盈篋自余手，幽緘
候君開。腰帶准疇昔，不知今是非」之景。畫中婦女們眉宇間
多有愁思，一面為出征在外的夫君準備冬衣，一面又擔心其安
危，臉上難掩焦慮之色。素淡的白描技法烘托出搗衣婦女們含
蓄而哀戚的情緒，全畫瀰漫著淡淡愁思與傷感，是搗衣題材繪
畫中之精品。

結鬟盤髻
金步搖

　　女為悅己者容，中國古代女子的裝扮中，髮式是極為重要的部分，不論編辮、綰髻乃至假髻，造型千姿百態，命名更是五花八門。根據文獻記載，秦漢時期婦女的髮式已有凌雲髻、望仙九鬟髻、參鸞髻、黃羅髻、迎春髻、垂雲髻、神仙髻、墜馬髻、倭墮髻與同心髻等名稱。如漢樂府詩《陌上桑》中「頭上倭墮髻，耳中明月珠」，描述羅敷頭上梳著偏向一邊的髮髻，耳上掛著像月亮一樣明亮的珍珠。魏晉南北朝婦女髮式以髮多而長為美，故常用假髻戴於頭上，再飾以珠寶髮飾。

　　古代婦女髮型是依梳、綰、鬟、結、盤、疊和鬢等方式完成，梳法可概括分為結鬟式、擰旋式、盤疊式、結椎式、反綰式、雙掛式等六類。如用擰旋式梳成的「靈蛇髻」，相傳是魏

文帝曹丕之后甄宓仿靈動游蛇之姿態，將長髮擰轉盤結於頂綰結而成的髮髻。曹丕弟曹植對甄氏情有所鍾，將甄氏幻化為洛神而作《洛神賦》以抒發情懷。元代衛九鼎依此典故在《洛神圖》（圖1）中，描繪綰著靈蛇髻的洛神凌波微步於洛水之上，優雅的身影飄忽若神。

　　魏晉時期婦女流行一種偏垂在一邊的髮髻，其梳編法是將頭髮攏起綰結成一個大椎，椎中結絲繩，任其墜於頭側或腦後。據說這種偏垂的髮髻是東漢女子孫壽所發明，因髮髻松垂，像要墜落一般，故名為「墜馬髻」。《唐人宮樂圖》（圖2）中，描繪十名宮廷女樂師圍坐於長方大桌四周，有的品茗行酒令，有的吹奏篳篥和笙，有的撥著琵琶，

圖1　元　衛九鼎　洛神圖
臺北故宮博物院藏

圖2　唐　唐人宮樂圖（局部　墜馬髻）　臺北故宮博物院藏

輕撫古箏。其中五位即綰著墜馬髻，鬆綰的髮髻往一邊傾側，還真像騎馬時不留神從馬上滑落下來一般。

　　到了唐代，國勢強盛，經濟繁榮，社會開放，近悅遠來，加上與西域各族的交流融合，在髮型服飾上有了大幅度創新。唐代文學家段成式在《髻鬟品》中記載了自古至唐的髮型不下百餘種之多，創新髮式有各種名稱，有的以流行的地區名相稱，如雲南烏蠻地區流行的髮髻就叫作烏蠻髻，新疆回鶻婦女梳的就叫回鶻髻。有的是按髻的梳法與造型命名，如半翻髻、反綰樂游髻、雙

圖3　唐　唐人宮樂圖（局部　垂髻、花冠）　臺北故宮博物院藏

環望仙髻、百合髻和螺髻等。儘管髮髻名稱五花八門，但歸納起
來不出垂髻與高髻兩大類。《唐人宮樂圖》中左上方站立一旁手
持牙板的宮女梳的是「垂髻」（圖3），臉頰兩側各結一髻，垂
於耳際，通常是年紀較小，身分較低的女子所梳之髻；另三位手
執紈扇、吹笙與彈箏者所梳的即是高髻。

　　唐代女子以豐腴為美，自盛唐以後，更是崇尚圓潤雍容的女
性美，楊貴妃即為典型。《唐人宮樂圖》中面如滿月的女子正是
當時的美女，她們在額頭、鼻樑和下巴三處塗上白粉，是流行的

圖4　宋　李嵩　聽阮圖（局部　步搖）　臺北故宮博物院藏

「三白法」妝容。眉以下抹胭脂、描斜紅、塗唇脂，並在眉心貼上金銀彩片作為裝飾，叫作「花鈿妝」，此即唐代詩人溫庭筠《南歌子》中所謂「臉上金霞細，眉間翠鈿深」。吹奏笙與篳篥的二位女子畫著八字眉，正是大唐元和年間，長安貴族婦女流行的時式妝。唐朝婦女為使髮髻更加美觀，還會在髻上插金銀珠玉

等不同設計的髮飾，她們的髮髻上插著簪、釵、箆櫛，或如《唐人宮樂圖》中執扇與吹笙者戴著華麗花冠（圖3）。

　　古代富貴人家女眷為讓髮型更出色，還會插上金步搖。這種髮飾起於春秋戰國，其製作多以黃金屈曲成龍鳳等形，再綴以珠玉，隨著腳步的移動，垂綴之珠玉會不停搖動，因而稱為步搖。如宋代李嵩所繪《聽阮圖》（圖4）中，彈奏阮咸的女子頭上即插著一支綴滿珍珠的飛龍步搖。六朝以後，花式愈加繁複，如鳥獸花枝等樣，或於笄、簪、釵上加以珠玉垂墜。如明代仇英《漢宮春曉圖》（圖5）中的女子們，不論是在下圍棋，或在讀書、

圖5　明　仇英　漢宮春曉圖（局部　步搖）　臺北故宮博物院藏

圖6　五代　浣月圖（簪花）　臺北故宮博物院藏

玩樂，都戴著各式步搖。當她們起身輕移蓮步時，步搖將不斷顫動搖曳，充分展現女性婀娜多姿之美。

唐代貴族婦女喜歡摘鮮花作為髮飾，尤其是顏色鮮豔的大朵牡丹或芍藥，戴在頭上更添富麗氣息。據《開元天寶遺事》記載：「開元末，明皇每至春時旦暮，宴於宮中，使嬪妃輩爭插豔花。」唐代婦女的簪花風俗在五代人畫的《浣月圖》（圖6）中清楚可見，皎潔明月映入水池中。頭裹巾幗的盛裝仕女正探手欲撈月，她的頭上即簪著一朵大牡丹和各式花朵。

和現代女性一樣，在古代女子生活中，修飾自己是一門重要的課題，而所謂修飾，除了外在容貌，品德個性的內在修飾更需注重，這樣才是令人嚮往的真正女性美啊！

珠玉冠子
布包髻

　　古代中國將一切裏首之物，即頭上所戴或裝飾之物，通稱為首服。漢族男子到了二十歲當行束髮戴帽儀式，女子到十五歲則行束髮插簪儀式，分別稱為冠禮與笄禮，表示已經成年，由此可知首服之重要。

　　在商周時期，戴帽子是男子的專利，女子頂多是在頭上戴些珠翠花朵作裝飾而已。到了漢代，皇帝開始賜妃子們戴芙蓉冠子，於是，女子戴冠的風氣始開。女冠比起男冠來當然要美麗得多，而最光彩奪目的女冠又非皇后之冠莫屬了。后冠由漢代發展到宋代已達奢麗之極致。《宋高宗后像》（圖1）所戴者即典型的宋代皇后冠，這種后冠叫作龍鳳花釵冠，用金銀鑲嵌珠寶而成，並以珠寶的多寡來定尊卑。皇后冠通常飾以大小珠花二十四

圖 1　宋　宋高宗后像　臺北故宮博物院藏

株，皇妃則減為十八株。龍鳳冠規格極高，只有太后與皇后身分才能佩戴。高宗后的冠首中央飾一口銜珠串的龍頭，冠簷上方綴以成排珠寶人物，冠後左右各垂點翠扇式翅葉三片，冠簷珠飾與耳鬢墜飾，皆為大顆珍珠，遠望過去一片珠光閃閃。珍珠是當時女冠流行的嵌飾，所以，不論是在首都或是在其他城市，珍珠鋪子的生意都好得很。宋代政府曾特地在南海設置採珠專官，以配合市場對珍珠的大量需求。

到了明代，后冠大體還是承襲宋代式樣，只是形式稍微簡化些。如《明孝安皇后像》（圖 2）中的后冠已不像宋代那樣綴滿珍珠，孝安皇后冠頂所飾九隻金龍與六隻鳳凰打製得尤為精美，色彩鮮豔，造型生動，珍珠只用來裝飾重點，配上紅、黃、藍、綠各色寶石，讓明代的后冠顯得更為繽紛生動。

歷代后冠中最別緻的應該是元代皇后所戴的罟罟冠了。罟罟冠又名姑姑冠，是元代已婚貴族婦女流行的一種帽子。這種特殊頭冠是用木條做成框架，再用樺樹皮圍合縫製，外面糊上紅色錦緞後飾以珠玉而成。地位越尊貴，冠上裝飾也越講究。如《元世祖皇帝后像》（圖 3）中所示，冠面以多彩寶石與珍珠排列成花蝶等圖案，冠頂飾五色翎毛，富貴而大方，展現出元代皇室的奢華富足，而高聳的冠頂與元代婦女的圓臉及一字眉形成協調的搭配。

圖2　明　明孝安皇后像　　　　圖3　元　元世祖皇帝后像
　　　臺北故宮博物院藏　　　　　　　　臺北故宮博物院藏

　　宋代婦女上自王妃下至普通百姓都喜歡戴冠，尤其崇尚高
冠。宋仁宗時期極為流行的白角冠是用白角製成，冠上還插以數
把白角梳，左右對稱。白角冠偏長，有的甚至長及肩部，故又有
等肩冠或垂肩冠之稱。記載中白角冠有「長三尺者，登車簷皆側
首而入」，可以想見其冠之高。另有一種重樓子冠是仿名品牡丹
而成的高冠。據記載，洛陽之牡丹因栽培得法，花朵有重臺高及

圖 4　（傳）宋末元初　錢選　招涼仕女圖　臺北故宮博物院藏

二尺者，稱為重樓。制冠者仿重樓子牡丹，用羅帛重疊堆砌如樓
閣式之高冠，加在高髻上有的高過三尺，傳為宋末元初錢選所繪
《招涼仕女圖》（圖 4）中，右側女子所戴高如層樓之冠即是重
樓子冠。

　　豪華的珠玉冠子是皇后或貴族婦女用的，顯示身分與威儀的成分居多，一般平民婦女戴的帽子則較樸素簡單而實用。例如婦女出外時所戴的帷帽，即高頂寬簷垂以紗網的笠帽。帷帽源於西域地區常用的冪䍦，是一種遮擋風沙的黑紗長巾，戴於頭頂，垂下障蔽全身，傳到中原後，更具有避人窺視婦女面貌之功能。然而，長紗巾出門在外著實不便，到了風氣開放的唐代，便將冪䍦之長紗巾縮短而成帷帽，帽簷所垂及肩部的紗巾

圖5　唐　明皇幸蜀圖（局部　帷帽）　臺北故宮博物院藏

圖 6　元　梅花仕女圖　臺北故宮博物院藏

稱為帽裙，唐人《明皇幸蜀圖》（圖 5）中隨著唐明皇扈從由右側山徑騎馬而下的四名宮女即戴著帷帽，高頂黑帽綴以紅紗帽裙，因匆忙趕山路而將帽裙撩開垂於頸後，讓視線不受帷布遮擋。

　　帷帽之外，民間婦女最常用的首服就是包髻，如元人《梅花仕女圖》（圖 6）中婦人所戴者。包髻可選用各色花樣的布帛紮結成各種花式，包髻前也可綴以金寶花鈿，簡單大方，在社會各個階層都很流行，是最為普遍的古代婦女首服。

冠冕堂皇
巾瀟灑

人們頭上所戴之物現代大都通稱為帽，帽字最初寫為「冃」，是頭上覆戴物之象形字。後來加上「目」成「冒」，目代表頭。後再加上「巾」而成「帽」，意為冒覆頭上用以禦寒之物。商周以後，冠服制度逐步完成，上自天子下至百姓，皆須遵循因著地位、階級與禮儀之不同所界定的穿衣戴帽規矩，中國因而成為衣冠上國、禮儀之邦，頭上戴的帽子於是稱為首服或頭衣。

男子首服主要包括冕、弁、冠、巾等，冕是帝王與諸侯禮儀時用；弁地位次於冕，為文武官員配合禮服之穿戴；冠與巾代表男子不同的身分地位，東漢《釋名》一書中記載：「二十成人，士冠，庶人巾。」當時，戴冠是士人階層的特權，庶民或卑賤執事者則不能戴冠只可束巾。巾即裹髮之布，庶民以外，上層士大

夫在燕居時偶爾也戴巾。到了漢代末期。因為束巾較為輕鬆閒適，所以，文人武士開始以戴巾為雅尚。

先秦兩漢時期冠最為流行。冠的戴法與現代的帽子差異頗大，因為古時候的男子是留長髮的，所以平時都將頭髮向上綰成髻，戴冠時，用衡笄自冠兩側的小孔穿入髮髻加以固定，使冠不致搖動或傾斜。另外在冠圈兩邊附上絲繩，於頷下打結，以確保冠之穩固，這兩根絲繩稱為纓。

冕是中國古代帝王及卿大夫以上的官員們所戴的禮帽，後來則專指王冠帝冕。冕之頂如一平詹，稱為冕板，其前後綴以下垂的五色玉珠串，稱為旒。旒數多寡依身分高下而定，天子祭祀上帝時服十二旒冕；享先公服九旒冕；祭祀山川服七旒冕，大夫冕則為三旒。冕的外層為黑色，裡層為朱紅色，此即冠服禮制中所謂的「玄冕朱裡」。冕之制始於黃帝，一直到明代仍然沿用，是中國冠服中襲用最久的一類。宋代宮廷畫家馬麟所繪之《夏禹王立像》（圖1）中，大禹服九旒冕，袍服上飾以象徵帝王權威的日、月、三星、龍等紋樣。宋理宗趙昀即位後為籠絡人心，爭取理學名士的支持，特別崇倡理學，命馬麟製作十三道統人物像，並親書《道統十三贊》於畫上，以彰顯道統與政統合一的政治理念。

冠因造型材質與使用場合之不同而有各樣名稱，如通天冠、

圖 1　宋　馬麟　夏禹王立像　臺北故宮博物院藏

高山冠、進賢冠、巧士冠、長冠、卻敵冠等。通天冠是僅次於冕的冠帽，又名捲雲冠。天子於正旦、冬至、五日朔大朝會與大冊命時服之。《宋宣祖坐像》（圖 2）中所戴者即是通天冠。宋宣祖為宋太祖與宋太宗之父，太祖趙匡胤稱帝建立宋朝後，追諡其父為武昭皇帝，廟號宣祖。冠之制不如冕之複雜，宣祖所戴通天冠上綴以卷樑二十四道，每道樑上飾遼東所產北珠一枚，冠正前方高起之前壁稱為金博山，冠頂向後捲起，衡笄穿過冠與髻，並於兩側附以朱色垂纓繫頷下，雙重固定使冠不致滑落。

圖 2　宋　宋宣祖坐像　臺北故宮博物院藏

圖 3　宋　宋太祖坐像　臺北故宮博物院藏

　　冠冕是朝廷為官者之首服，一般老百姓多戴巾或是幘。巾最早是裹髮之布，魏晉以後，以巾裹髮已普及為男子的主要首服。北周時期改良巾裹，在裹髮之方帕上加四腳為長帶，四帶前後包抄，二繫腦後垂之，二反繫頭上，使用起來更加方便舒適，稱為幞頭。幞頭初為軟帛垂腳，隋代開始於垂腳內裡襯以木片而成硬腳，皇帝所服之垂腳上曲，人臣者下垂。五代漸變平直，到了宋代，則君臣皆服平腳。《宋太祖坐像》（圖 3）中所戴之平腳幞頭，兩邊硬腳如翼翅般伸展而出，故名為「展翅幞頭」。宋代幞頭初以藤織草巾子為裡，紗為表，再塗以漆，後則去其藤裡，直

圖 4　明　明太祖坐像　臺北故宮博物院藏

接於紗面塗漆,硬腳則以鐵為之。皇帝或官僚多服展翅幞頭,身分較低之公差和僕役則多戴無腳幞頭。

　　非正式儀典中之首服稱為便帽,種類繁多,其中有一種盛行最久且最為人熟知的就是烏紗帽。烏紗帽早在南北朝時已成為皇帝與士大夫燕居之服。烏紗帽是用硬殼骨架所做的圓帽,左右各插一帽翅,帽內襯黑紗,外塗黑漆。明太祖定都南京後規定凡文武百官上朝,一律要戴烏紗帽、穿圓領衫並束腰帶;取得功名而尚未授官職的狀元與進士等,也可戴烏紗帽。從此,烏紗帽一詞即成為官員的代名詞。《明太祖坐像》(圖 4)中,明太祖所戴者

圖5　宋　柳蔭高士圖　臺北故宮博物院藏

即折角向上的烏紗帽。此圖為朱元璋盛年時相貌，他身著團龍紋皇袍，腰扎蟒帶，足蹬皂靴，雙眼炯炯有神，充分顯示出君臨天下之威儀。

　　老百姓所戴的巾，最初是指裹頭髮的幅巾。如宋人畫《柳蔭

圖6　明　唐寅　韓熙載夜宴圖（局部）　臺北故宮博物院藏

高士圖》（圖5）中文士所戴者，將幅巾圍在髮髻上，再以帶繫
牢，因為是裹在髻上，所以又叫裹巾子。之後又以藤為裡，以錦為
表，外塗漆以固之，稱為硬裹巾。漢代以前只有庶民才戴巾，漢末
魏晉以後，文人雅士覺得裹巾簡便又瀟灑，遂競相設計變化，戴巾
風氣因而大盛，各種樣式的巾相繼出現，如雲巾、平定四方巾等。
明代畫家唐寅所繪之《韓熙載夜宴圖》（圖6）中，韓熙載所戴之
巾有四牆，前後左右相對成角，牆外有重牆，前開後合，後垂飄
帶，為隱逸雅士所好。相傳宋代大文豪蘇軾常戴此巾，故亦稱為
東坡巾。觀此巾遙想當年東坡於謫放時期於赤壁行吟之瀟灑情
態，令人頓發思古之幽情！

靴鞋屨屐
足下履

在中國傳統服飾文化中，腳上穿的鞋是很重要的一部分。中國人從什麼時候開始穿鞋已不可考，但從考古發掘的文物中發現，在五千多年前的青海墓葬陶器上所畫之人物已穿著頭部尖而上翹的鞋子；新疆哈密墓葬出土過三千多年前的長筒皮靴；另外在青海辛店文化遺址中也發現距今三千多年前的彩陶靴容器（圖 1），此容器模仿當時人所穿的靴子造型，如真靴一般由靴筒、靴幫和靴底三部件構成。這些出土文物證明新石器時代的中國古代先民已完全脫離以獸皮或編草裹腳的原始護足方式而能製作鞋靴穿用，這樣的鞋靴一直流傳到後世。

古代中國把身上的服飾分作頭衣、上衣、下衣和足衣，足衣就是鞋與襪的總稱。古代鞋子的名稱很多，像舄、履、屨、屐、

靴、鞋等。從文獻記載中得知，古代足下穿的鞋大都由草、麻或皮革製成，但不論以何種材料製成，都通稱為屨。周代還設置了「屨人」這個官職，專門負責王和王后所穿的屨。周代也明確地規定鞋的形制：一為舄，以皮、

圖 1　新石器時代　彩陶靴容器
青海省博物館藏

葛、綢緞為面，其底為雙層，不怕泥濕；另一為屨，以麻、革為面，其底為單層；還有用草編的叫扉，用木頭做的則稱為屐。自商周開始，足衣的穿著均有制度規範，如在漢代，祭服穿舄，朝服穿靴，燕服穿屨，出門則穿屐。

　　最早的木屐在新石器時代的遺址中已發現，漢代婦女的木屐還以彩漆繪上花紋為飾。三國時期吳國古墓中發現的木屐，其造型已與現代木屐近似，由整塊木頭鑿刻而成，橢圓形屐板底部有前後兩個長方屐齒，屐板上留有三個繫繩孔。到了魏晉南北朝時期，木屐已非常流行，晉人家居時穿屐。如東晉宰相謝安於弈棋時得知淝水之戰獲勝，故作鎮靜不為所動，直至棋局結束回房過門檻時，欣喜激動之情難捺，竟將屐齒折斷。成語「屐齒之折」即典出於此。宋李公麟畫《歸去來辭》卷（圖 2）中持杖臨清流而賦詩的陶淵明，腳上所穿就是當時流行的木屐。到了唐代，婦

圖2　宋　李公麟　歸去來辭卷（木屐）　臺北故宮博物院藏

女們更用心思在木屐上加各種裝飾，由詩人李白《浣紗石上女》
「玉面耶溪女，青娥紅粉妝。一雙金齒屐，兩足白如霜」之詩
句，可以想像當時婦女穿著木屐的華麗美姿。唐代流行穿木屐的
風氣被日本來華的遣唐使和留學生帶回日本，現在反成為大和民
族的特徵了。

　　靴多為北方胡人遊牧時穿用，自戰國中期趙武靈王推行胡服
騎射後，高筒靴開始在全國流行。南北朝時期，北方胡人穿的皮
製長筒鞋稱為勒鞾，類似現代的馬靴，本來是田獵打仗時穿用，
入唐以後就成為普通穿著了。唐靴大都是黑色，皮或帛制，稱為

圖3　清　郎世寧　阿玉錫持矛蕩寇圖（局部　烏皮靴）　臺北故宮博物院藏

烏皮六縫靴。詩仙李白有一回被唐明皇召見，當時登堂入室需要
脫靴換履，李白因為酒醉，於是伸足給高力士，要他幫忙脫靴，
那雙靴子可就是烏皮六縫靴呢！清代畫家郎世寧所繪《阿玉錫持
矛蕩寇圖》（圖3）中的勇士阿玉錫穿的就是由唐代一直流行到
清代的烏皮靴。

　　從漢代開始，履的裝飾變化多在履頭，即於履的前端翹起一
片作為裝飾。翹起的一片有多種變化，叉開如兩角的叫雙歧履；
高起呈橢圓形的叫笏頭履；高起方整似齒的叫高齒履或高牆履；
高牆上再疊加山形的叫重臺履。宋人繪《宋寧宗后像》（圖4）

圖 4　宋　宋寧宗后像　臺北故宮博物院藏

所穿者則是金絲繡花綴以珠玉華美的花朵翹頭履。這些裝飾華麗的履是在較為正式的場合中穿著，如果是平常便鞋，鞋頭就不會翹起一片，形狀就如同現在穿的功夫鞋一般。

　　大致唐代以後，鞋子就沒有太大的變革，唯因習俗不同出現有較特殊的造型。如為女性纏足而設計之鞋，彎曲如弓，叫作弓鞋；清朝滿族婦女所穿之旗鞋，是裝有高底的繡花鞋，可使旗袍

不拖地，又表現女性婀娜之美，因其底似花盆，故又稱花盆底鞋。

　　一般庶民則多穿著樸實的布履或草履。明代唐寅所繪《鬥茶圖》裡的賣茶郎穿的就是當時百姓常穿的草履與布鞋（圖 5），雖然不中看，但夏天穿起來可比那些華美的靴履涼快多了！

圖 5　明　唐寅　鬥茶圖　臺北故宮博物院藏

第三章

住

坐臥之具
席床榻

　　中國古代坐臥之具中最早出現的是席。在遠古時期，人們用茅草、樹葉、樹皮或獸皮鋪在地上，以避免潮濕寒冷，之後逐漸發展出用竹或蘆藤之莖剖成細薄長片編織為席。早在五千多年前的新石器時代遺址中已發現竹蓆和篾席，一直到漢代，席都是家室中最主要的家具。由《周禮》記載「天子之席五重，諸侯三重，大夫再重」可知，當時席的使用除了實用外，也是身分和地位的標誌。生活起居中或接待賓客時，都是在室內布席，並發展出「席不正，不坐」、「君賜食，必正席先嘗之」等禮儀。

　　榻出現於先秦，盛行於漢魏六朝，《釋名》中謂：「長狹而卑曰榻，言其榻然近地也。」也就是低而窄的檯子叫作榻。秦漢時期的人一般多坐於席上，地位尊貴者則獨坐一榻，以示尊敬之

意，稱為獨榻，在顧愷之的《洛神賦圖》卷（圖1）中曹植所坐
者即是獨榻。

　　秦漢時期的榻僅供坐用，後來演變成可坐可臥，無論在書
齋、客室或庭園軒閣中皆可安放，以供隨時休憩之用。傳為唐代
張萱之《明皇合樂圖》（圖2）中，唐明皇躺在臥榻上吹奏直
笛，榻邊妃嬪或靜坐聆聽，或擊掌應和。臥榻之面為藤編軟屜，藤
編透氣，適合炎夏使用，明皇衣襟敞開脫去一鞋，顯得一派輕鬆。

圖1　晉　顧愷之　洛神賦圖卷（局部　獨榻）　北京故宮博物院藏

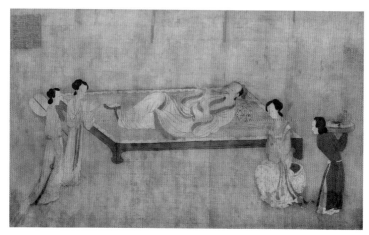

圖 2 （傳）唐 張萱 明皇合樂圖 臺北故宮博物院藏

　　到了宋代，榻的形制發展得更加豐富多樣。如在宋李嵩《聽阮圖》（圖 3）中，手持拂塵的文士身倚交腳式背靠，閑坐於庭園中一托泥榻上。此榻之四足下裝有一圈木框作為承托，使榻足不直接落地，並使底部抬高於地面，具有防潮和通風功能，此種足下加設木框之榻即所謂托泥榻。

　　床與榻在功能和形式上有所不同，床略高於榻，也寬於榻，可坐可臥。床字原本寫作「爿」，是床的象形初文和本字。商代甲骨文中已有爿字，可知商代已有床類家具。到了戰國時期爿字

圖 3　宋　李嵩　聽阮圖（托泥榻）　臺北故宮博物院藏

圖4　五代　顧閎中　韓熙載夜宴圖（局部　圍屏榻）　北京故宮博物院藏

增加意符「木」，形成牀字，加木為偏旁，表示床通常是木質的，宋以後又出現了俗字「床」。

目前發現最早的實體床是戰國時期楚墓中的漆繪圍欄大木床，由床身、床欄和床足三部分組成。床身以紅黑漆繪花紋，並裝飾有瑪瑙、象牙、珊瑚和玉石；床欄杆為方格形，兩邊欄杆留有可供上、下床之空間。此床既大又矮，配合了當時人們席地而坐的習慣。

魏晉時期，出現屏風與床結合之新形式。這種圍屏床榻極受貴族人家的喜愛，且因坐姿的改變，床榻的高度也逐漸增加。蓋魏晉以前皆為跪坐、蹲踞或箕踞。自漢代與西域頻繁交流後，一種可以摺疊的胡床或稱交椅之輕便坐具傳入中原，人們的坐姿漸改為臀坐於椅、腳垂於地的更加舒適的垂足坐姿，同時墩子、座椅、板凳等高型坐具應運而生，床榻的高度亦隨之增加。

到了隋唐五代時期，高型家具迅速發展，並出現了新式高型家具的完整組合，如五代顧閎中所繪《韓熙載夜宴圖》（圖4）中，清晰展示了五代時期的高型家具組：圍屏榻、直背靠背椅、條案、屏風與墩子等。圖中圍屏榻的兩側與後面裝置有高圍子，圍子上飾以繪畫，主人韓熙載與狀元郎粲坐於榻上，與在場賓客一起欣賞教坊副使之妹彈琵琶。榻後另置一圍屏床，帳幔掀開，一歌伎擁被醉臥，半截琵琶露於床頭，充分反映出韓熙載狂放不羈、縱情聲色的生活。

圖 5　明　黃花梨卍字紋架子床　北京故宮博物院藏

　　明清以後的床榻已專用於臥息睡眠，造型亦多樣化，諸如楊
妃榻又稱美人榻，彌勒榻又稱羅漢床等。床之結構也越加繁複，
如裝上頂架的架子床（圖 5）。更有一種拔步床，是將架子床安
放於長度超出床沿的大木臺上，平臺四角立柱鑲以圍欄，欄柱飾
以精美雕刻，圍欄兩邊安窗戶，形成小廊，廊中可放置桌凳，睡
眠空間的舒適度和私密性大幅提高。拔步床是古代中國體型最大
的床，只有富庶人家才會使用，放在臥房中儼如房中之房，可算
是世界上最奢華的床了！

屏風障蔽
復明志

屏風的起源可以追溯到西周初期，是設於天子座後之器具，當時稱為邸、斧扆或黼依，為天子專用。斧扆以木為框，以絳帛覆蓋，帛面上繪斧形紋樣，斧紋代表權力與武力，是天子至高無上的名位與權力象徵。天子寶座後的斧扆擋住後面的空間，使宮廷中群臣的視線集中於寶座上的天子，從而凸顯天子的莊重威嚴。

古代中國的房屋大多採用木結構，室內空間尺度較大，容易透風，原為天子專用的斧扆逐漸演變為能夠擋風的家具。到了漢代，此類家具被稱為屏風，蓋「屏風，言可以屏障風也」。西漢司馬遷《史記・孟嘗君傳》載：「孟嘗君待客坐語，而屏風後常有侍史，主記君所與客語。」說明了屏風除了擋風還有著分隔室內空間與遮蔽視線的作用。漢代貴族人家的高堂大屋中多使用屏

風。據《西京雜記》載：「漢文帝為太子，立思賢院以招賓客。苑中有堂隍六所，客館皆廣廡高軒，屏風帷帳甚麗。」

　　戰國時期的屏風製作已經有了很高的藝術水平。秦漢時期在戰國漆藝基礎上，漆木家具之製作有了更大的發展。現存最早最完整的屏風實物是西漢長沙國丞相墓中出土的細節完好的隨葬明器雲龍紋漆屏風（圖 1）。長方形木胎五彩漆畫屏之下安有二承托足座，用以插穩屏板，屏正面為紅漆地，上繪綠身朱爪巨龍，昂首張口，飛騰於雲中。屏板背面（圖 2）為朱地彩繪淺綠幾何方連紋，中心飾以穀紋璧，兩面邊框均飾有朱色菱形紋飾。兩漢時期視龍鳳為民族象徵，此屏正面雲龍紋喻君

圖 1　西漢　雲龍紋漆屏風（正面）
　　　湖南博物院藏

圖 2　西漢　雲龍紋漆屏風（背面）
　　　湖南博物院藏

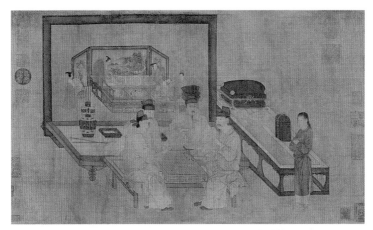

圖3　南唐　周文矩　重屏會棋圖（屏中屏）　北京故宮博物院藏

王為天之子，擁有可呼風喚雨的至高無上權力；背面幾何方連紋與菱形紋寓意生生不息，穀紋璧則表達豐衣足食的祈願。由此作為明器的屏風可以推想，漢代貴族日常家居生活中使用者必是更加華美。

　　屏風框架之內裝稱為屏心，其上可施以各類裝飾。漢魏時期，君王所用屏風常將三綱五常等倫理道德觀念融於屏心之裝飾內容，以收潛移默化規誡臣民之效。隋唐之屏心則多飾以名家書畫。相傳唐太宗曾命書家寫《列女傳》裝裱入屏風；韓偓《草書屏風》中謂「何處一屏風，分明懷素蹤」；李白在《草書歌行》中亦云「湖南七郡凡幾家，家家屏障書題遍」。可見當時書法屏風之盛行。從隋唐墓葬壁畫中可知，當時屏心繪畫題材人物、山水、花鳥皆備，傳世繪畫中南唐畫家周文矩所繪《重屏會棋圖》

圖 4　宋　十八學士圖（座屏）　臺北故宮博物院藏

（圖3）之屏風上又繪有三連扇山水屏風畫，畫中有畫，屏中有屏，觀之妙趣橫生。宋代屏心流行鑲嵌天然紋理如山水畫般的美石，明清屏心則以雕漆、螺鈿、百寶嵌、緙絲等各類材質為飾，變化多端，極盡工藝能事。

通常一片直立於地的屏風稱為座屏，是由插屏和底座兩部分組成。插屏可裝可卸，以硬木為邊框，中間裝以屏心。底座則為穩定之用，其立柱限緊插屏，站牙固定立柱，橫座檔承受插屏。宋人畫《十八學士圖》（圖4）中，兩位文士身後的屏風即為座

圖5　南宋　劉松年　羅漢圖
臺北故宮博物院藏

屏。座屏按插屏之數目分為獨扇屏、三扇屏（圖5）或多扇拼合的曲屏（也稱連屏或疊扇屏）等。曲屏於漢代已出現，這類屏風常與床榻結合使用，多設在床榻的周圍，也有置於床榻之上的。如三面曲屏是在床榻後方立一扇，左右各一扇圍住兩頭，故又稱圍屏。如五代顧閎中所繪《韓熙載夜宴圖》（圖6）中，韓熙載與

圖6　五代　顧閎中　韓熙載夜宴圖（局部　圍屏）　北京故宮博物院藏

　　家伎們所坐之黑漆床榻設有三面曲屏圍於左、右及後側，榻前側
兩邊配置兩塊高度約為圍屏一半的擋板，二擋板中間留出供人上
下的空間。擋板兼具扶手功能，韓熙載倚於擋板，伸手到侍女所
持盆中淨手。榻旁另一床之上亦設圍屏，朱紅錦幔由頂罩下，垂
繫於床之兩側，重重圍屏加上錦幔，使臥室的隱祕度大幅增加。
　　在中國古代家具中，屏風可以是文人雅士置放於家中以供欣

賞的藝術品；屏風也可以是權力尊嚴的象徵並隱含鑒戒作用，例如唐太宗李世民的「戒奢屏」、明太祖朱元璋的「勿忘節儉屏」；屏風更可以是知識分子理想志向的宣示，如唐代詩人白居易以家中全白素屏明志。他在《素屏謠》中言道：「素屏素屏，胡為乎不文不飾，不丹不青？當世豈無李陽冰之篆字，張旭之筆跡？邊鸞之花鳥？張璪之松石？吾不令加一點一畫於其上，欲爾保真而全白……夜如明月入我室，曉如白雲圍我床。我心久養浩然氣，亦欲與爾表裡相輝光。」

屏風除屏蔽、擋風和供人倚靠等實用功能外，更發展昇華成為人們的精神寄託，所以，屏風可說是最能蘊含深厚文化意義的中國古代家具了。

銅鏡鑑形
亦鑑心

　　鏡子是日常生活中經常使用的物件，現代的鏡子幾乎都是玻璃鏡，即一面塗上汞劑具有反照功能的玻璃。然而，從中國的歷史記載和文物中可以知道，一直到清末民初，玻璃鏡才在中國普遍被使用。清朝末年以前，中國人使用的鏡子主要是青銅鏡，銅鏡正面平滑，磨光後可供鑑影，背面則雕鑄各式花紋作為裝飾，鏡背中央尚有一紐，可穿繩以便持拿或懸掛。

　　遠古中國人是以水為鏡，從水中倒影檢視容顏，銅器發明之後，即以銅盆盛水照影。先秦文獻中提到古人「鑑於水」意為以盛水之銅盆鑑形，這種銅盆即稱為鑑。合金技術出現後，開始將銅、錫、銀、鉛等金屬合鑄而成可以映照形貌的銅鏡。

　　目前發現年代最早的中國銅鏡出土於黃河上游地區，距今約

四千年前的新石器時代齊家文化遺址。鏡的造型與裝飾較原始，鏡背多為七角星幾何紋，背面設紐。齊家文化的時間與夏代接近，之後商周之銅鏡變化不大，多為圓形，背後有簡單幾何紋飾並附紐。發展到戰國時期，銅鏡的製作越加精細，紋飾亦漸複雜。如戰國四山紋鏡（圖 1），鏡背中央之正方形中鑄有一紐，方形四周飾以四個山紋，旁填以花葉雲紋，細密的底紋與粗大的山紋相互襯托，顯得美觀大方。

　　銅鏡發展至漢代達到鼎盛期，漢鏡大而厚重，頗能反映出漢代強盛的國勢。漢鏡在形制上開始變化，於銅鏡背面加鑄文字，一般稱之為鏡銘。東漢新莽時期博局鳥獸紋鏡（圖 2）即鑄有鏡

圖 1　戰國　四山紋鏡
　　　　北京故宮博物院藏

圖 2　東漢　博局鳥獸紋鏡
　　　　臺北故宮博物院藏

銘，鏡背中央有半球紐，紐座四周飾以大方格與博局紋，間夾細線獸紋與乳丁紋，鏡緣飾三角形紋與變形雲紋。方格博局紋外接一圈銘文：「日始上，天下光，作□□竟，以昭侯王，赤鳥玄武□四旁，子孫煩息樂未央。」二十八字鏡銘寓意吉祥，鏡身厚重堅實，是典型的漢代銅鏡。

　　銅鏡之製作至唐代達到巔峰，銅合金中錫銀的比例加大，使鏡面呈現銀白光澤，顯得特別亮潔，映照影像也因此更為清晰。同時，銅鏡造型也更加變化多端，除了傳統的方、圓形外，還發展出圓瓣葵花、尖瓣菱花、六角、八角與亞形等樣式。紋飾舉凡珍禽異獸、花卉葡萄，乃至神話傳說、歷史故事等，無所不包。唐代鸞獸菱花鏡（圖3）即典型唐代菱花鏡。鏡背泛銀白光，中

圖3　唐　鸞獸菱花鏡
臺北故宮博物院藏

圖4　南宋　雙龍古鼎形鏡
臺北故宮博物院藏

央為獸形紐，獸紐旁環繞兩隻飛鳥與兩頭瑞獸，鳥獸間飾以卷
雲，鏡緣上蜜蜂伴折枝花與卷草間隔排列，極為富麗堂皇。唐明
皇時期的銅鏡又增添許多燦爛奪目的裝飾，以金、銀、瑪瑙及松
綠石鑲嵌鏡背，或以整片金箔錘鑿出花紋後包於鏡背。但是，唐
末五代動亂之後，這些華麗銅鏡即已絕跡。

　　宋代初期銅鏡延續唐代風格，從南宋開始，銅鏡出現各式新
造型，如帶柄鏡、桃形鏡、盾形鏡、鼎形鏡、鐘形鏡、有座鏡
等。如南宋的雙龍古鼎形鏡（圖4），鏡身作古鼎形，圓口束
頸，鼎形頸部飾浮雕卷草紋，口沿兩側附長方形耳，腹下二短
足，鏡背中央之細窄雙紐為固定支架所用，腹部為高浮雕雙龍拱

圖5　（傳）宋　王詵　繡櫳曉鏡圖　臺北故宮博物院藏

珠紋樣，雙龍下方為海水紋。宋代以後，銅鏡逐漸衰落，厚度漸薄，花紋漸粗。到了明清時期，外來的玻璃鏡出現，逐漸取代了古老的銅鏡。

　　明鏡照人亦照心，傳為宋代王詵的《繡櫳曉鏡圖》（圖5）中，在花樹掩映的庭院裡，一位儀態端莊的宮裝仕女晨妝已畢，

二名侍婢正低頭檢視奩盒內的容妝什物。宮裝仕女娉娉而立，凝視著鏡中的面容，似在端詳自己，亦似在審視內心。而傳為南宋劉松年的《養正圖》（圖6）中，則描繪內殿寢宮中，晨起後的唐太宗對鏡整理儀容，所傳達者實為銅鏡之深層含義，即唐太宗所謂：「人以銅為鏡，可以正衣冠；以古為鏡，可以見興替；以人為鏡，可以知得失。」中國古代銅鏡雖已被取代，但唐太宗以銅鏡為鑑之語卻流傳至今。

圖6　（傳）南宋　劉松年　養正圖（局部）　臺北故宮博物院藏

翟箑扇中
見離合

　　遠古時代的中國人在炎炎夏日中，將植物葉或禽羽簡單加工後用來蔽日祛暑之物即為最早的扇子，但最初並沒有「扇」這個字。早期皇室公卿出行時，由儀衛舉以障風蔽日之物，被稱為翟。翟由禽羽製成，是身分地位的象徵。唐代畫家閻立本《步輦圖》（圖1）中，描繪唐太宗李世民接見吐蕃松贊干布所遣使臣祿東贊的情景。太宗盤腿端坐於步輦之上，一名宮女持華蓋於後，二宮女各掌羽翟隨侍兩側。使臣祿東贊身著小團花波斯樣式長袍，向唐太宗拱手致敬，其旁一為著紅袍的儀式引見官，一為著白色唐服的翻譯官。唐太宗之威嚴大度、使臣祿東贊之謙和有禮以及引見官員之恭謹幹練，共同見證了唐代漢藏民族的友好交誼。

圖 1　唐　閻立本　步輦圖（羽翣）　北京故宮博物院藏

　　大型的翣後來演變為尺寸較小的箑與扇。西漢揚雄在《方言》中謂：「扇，自關而東謂之箑，自關而西謂之扇。」從字之部首看，箑從竹，扇從羽，可知竹子和羽毛是古時做扇子的主要材料。以使用地區論，則古代中國是東多竹扇，西多羽扇。箑與扇二字在漢代是同時使用的，由於戰亂、人民遷徙、方言混用等因素，扇字逐漸取代箑字成為通用。漢儒董仲舒《春秋繁露》中已有「物故以類相召也，故以龍致雨，以扇逐暑」之句，三國時期諸葛亮的「羽扇綸巾」更是聞名天下。現存漢代竹扇實物是發現於長沙馬王堆漢墓中的一把小竹扇，其內緣用竹條為骨，扇面用原色細竹篾，以兩經一緯法編織而成，四緣與柄另以絲織物包縫加固。此扇樸實無花紋，應是墓主日常使用，形狀類似一把菜

刀，在漢代畫像磚中，也常見這類型狀的扇子。

　　漢代以後逐漸使用蒲葵、蕉葉、絲絹或紙材料來制扇。五代顧閎中《韓熙載夜宴圖》（圖 2）中描繪了兩把扇子，一是解衣盤坐椅上的韓熙載手中所拿之長方蒲扇，另一是侍女所持長柄長圓形上繪樹石流水的絲絹宮扇。宮扇原本於古代宮中使用，後來官員或貴族家裡也常用，形狀多為長圓形，尺寸則較翠略小。長柄宮扇一般由宮女或侍女持用，主要是為主人提供遮掩服務，也可用來搧風祛暑。

　　日常生活中用來搧涼的扇子，大致可分為團扇與摺扇兩類。

圖2　五代　顧閎中　韓熙載夜宴圖（局部　蒲扇、宮扇）　北京故宮博物院藏

中國在明代以前大都使用團扇，明代以後，團扇逐漸被摺扇所取代。團扇在漢代初年即已十分盛行，明代唐寅《班姬團扇圖》（圖 3）中的班姬所持者即團扇。班姬是漢成帝的妃子班婕妤，因貌美又善解人意，故深得成帝寵愛。但自趙飛燕入宮後，班婕妤失去寵幸，獨居深宮思念皇帝時曾作詩一首：「新裂齊紈素，鮮潔如霜雪。裁為合歡扇，團圓似明月。出入君懷袖，動搖微風發。常恐秋節至，涼飆奪炎熱。棄捐篋笥中，恩情中道絕。」以團扇比喻自己的班姬鬱鬱寡歡地漫步庭院，手中拿著繪有花蝶十分清雅的團扇，就是詩裡所謂的合歡扇，團扇也因此又稱為紈扇或合歡扇。詩中所謂「齊紈素」是指山東出產的絹帛，漢代

圖 3　明　唐寅　班姬團扇圖　
　　　臺北故宮博物院藏

圖4　明　文徵明
　　　觀書圖　摺扇
　　　臺北故宮博物院藏

最為考究的紈扇有「齊紈楚竹」之說，也就是用山東絹帛與湖南竹材製成者才是真正上品紈扇。

　　摺扇一詞最早的記載見於北宋初年，據《宋史・日本傳》記載，宋太宗端拱元年，日本僧人奝然遣弟子來華，帶來的禮物中有兩枚「蝙蝠扇」，即是摺扇。雖然摺扇在兩宋時期已出現，但當時仍重團扇而輕摺扇，認為摺疊扇為夷人之物，只有僕隸娼伎等人才使用，良家婦女仍愛用團扇。到了明代永樂年間，因明成祖喜摺扇卷舒之便，於是命工匠仿製，遍賜群臣，摺扇始大為流行。

　　摺扇又名聚頭扇，因扇收起則摺疊，使用則撒開，故又稱撒扇。且因其攜帶方便，出入懷袖即可，扇面能飾以書畫，扇柄可

精工雕鏤，深受文人雅士喜愛，贏得「懷袖雅物」之別號。明代
摺扇製作發展迅速，不少人因製作摺扇而致富，以江蘇南京扇和
蘇州的吳扇最為著名。不論扇面、扇骨或扇墜，都精巧非凡，甚
至色香味都在考究之列。風雅人士皆好於如此精美雅緻之摺扇上
題詩作畫，制扇工藝與書畫藝術結合，扇子遂由日常用品一躍而
為雅俗共賞的藝術品。明代四大家之一文徵明的《觀書圖》
（圖 4）成扇，即是一把典雅的摺扇，不但可以袪暑解熱，同時
也是一幅絕佳的畫作，見證了豐富多彩的明清扇面文化。

　　扇子最初作為地位和權力的象徵，之後演變為納涼的生活用
品與雅玩清賞的工藝品，再成為題詩作畫、言情托志的藝術品，
融實用功能與美學價值於一體，其發展蘊藏著豐厚的文化內涵，
是中國特有的一種文化現象。

輕煙裊裊
話香爐

中國人燃香的歷史，可遠溯自殷商時代。當時把玉帛與犧牲放於柴堆上，燃柴焚香升煙告天的儀式稱為燎祭。因為香被視為與上靈及神祕力量溝通的媒介，借由香與煙來供奉神靈，祈求物阜民豐。

到了春秋戰國時期，焚香除了用於祭祀和告天儀式之外，在日常生活中，發展出於室內焚燒草本香料植物以驅蟲除穢的薰香習俗，同時也開始將各種香料花草加入飲料食物中，或是將川芎與白芷等植物香料與幽香的蘭花等香花美草佩在身上。正如《楚辭·離騷》所記：「扈江離與闢芷兮，紉秋蘭以為佩。」隨著薰香風氣的盛行，專門用來薰香的薰爐開始出現。由考古發現的文物證實，至遲在戰國時期已有不少製作精湛的薰爐出現。如陝西

圖 1　戰國　鳳鳥啣環銅熏爐
鳳翔縣博物館藏

鳳翔雍城遺址出土的戰國鳳鳥啣環銅熏爐（圖 1），熏爐頂端飾
一鳳鳥，其下為圓形熏爐，爐下由立柱和覆斗底座支撐，底座飾
以鏤空虎紋和人物，造型奇特，製作精美，應是當時秦國王公貴
族所用之物。其鏤空製作細緻繁複，反映出當時銅熏爐之最高工
藝水平，是古代青銅藝術品之傑作。

　　西漢以前，大都是將香草放在熏爐中直接燃香，香氣馥郁，但煙火氣頗大。武帝時期，南海地區出產的龍腦香與蘇合香傳入中原地區，此類樹脂香料不能直接點燃，通常製成香球或香餅，在其下置炭火，炭火將香緩緩燃起，香味濃而煙火氣不大。由於燃香的原料和方式改變，加上西漢神仙思想與追求長生不老仙藥的影響，專為熏焚香球香餅的博山爐應運而生。博山是古代傳說中的東海仙山，博山爐之蓋呈山形，山尖聳立，層層山巒間飾以飛禽走獸，爐蓋之上鏤有氣孔以出香氣，爐蓋之下為爐腹，腹深可放置燃香之炭火，腹下加托盤以盛水。漢代銅製博山爐（圖2），

圖2　漢　博山爐
　　　臺北故宮博物院藏

爐蓋上飾山形、人、獸、鳥紋，爐身鑄有短柄，便於持拿，足下淺盤供承水用。北宋考古學者呂大臨《考古圖》記載：「博山香爐，象海中博山，下有盤貯湯使潤氣蒸香，以象海之迴環。」薰香時，香菸由蓋孔中徐徐飄出，有如山嵐飄動，正如唐李白《楊叛兒》詩句「博山爐中沉香火，雙煙一氣凌紫霞」。香煙如雲氣般繚繞仙山，呈現出超凡出塵的意境。

史料記載中有許多絕妙精巧的香爐，例如漢長安有一名叫丁緩的巧匠，曾做九層博山爐，上鏤奇禽異獸，內設機關使禽獸於薰香時自然能動；唐代宮中曾藏一隻七寶硯爐，不燃香而自溫，冬日天寒，硯臺凍結，置於此爐上，硯冰自融。可惜的是，這些珍奇的香爐早已不傳，現在只有從文字記載中加以想像了。唐代香爐多用銀、銀鍍金、銅、銅鍍金等金屬製作。唐代是儒、釋、道三家並行的時期，雍容華貴的金屬香爐多用於禮佛拜佛，與花瓶、燭臺一同供養於佛前。

香爐的形制和材質多樣，銅、鐵、錫、木、陶、瓷與玉等皆有，形制則多仿古代宗廟祭器與禮器，如鼎、鬲、簋與豆等。宋代燒瓷技術高超，瓷窯遍及各地，著名的官、哥、定、汝、鈞五大名窯都大量製作過香爐。如仿銅簋造型的南宋官窯灰青雙耳小爐（圖 3）即是宋代精品香爐代表。釉色粉青，釉間有淺黃色開片紋，爐腹兩側附雙弓形耳，平底矮圈足，另配精美的玉頂木

圖 3　南宋　官窯灰青雙耳小爐
臺北故宮博物院藏

蓋，避免香失真味。

　　香爐發展到宋代，文人士大夫在香爐之實用功能外，更賦以「雅」的文化趣味，使香具與茶器如同筆墨紙硯一般轉化為文房雅用，孕育出宋代文人的「四般閒事」，即點茶、焚香、掛畫、插花等生活四藝。中國香文化於此時發展至巔峰，文人雅士不論是閒居讀書或是雅集宴客，大都焚一爐香以增添生活情趣。

　　宋代的香品一般都是合成的香料，叫作合香。宋代文人仕女皆好親手調香。詩人陸游就在《焚香賦》中透露其獨門調香法：「暴丹荔之衣，莊芳蘭之茝；徙秋菊之英，拾古柏之實；納之玉兔之臼，和以檜華之蜜。」合香可製成香丸、香球或香餅等各種造型。焚香時先於香爐內鋪墊爐灰以保溫，再將燒紅的小炭塊埋於灰中，炭上放置銀葉或雲母片隔火，再將香品放於薄片上，葉

片下的熱量讓香品慢慢焙燃，無煙的香氣緩緩瀰散成氤氳香霧。宋代李嵩《聽阮圖》（圖4）中，庭園中置一托泥榻，一侍女左手持紅漆香盒，右手拇指與食指捏著香丸，正準備放入榻側架臺上的香爐中。榻上文士一面欣賞音樂，一面看著紅袖添香，在幽靜園林中焚香賞樂，是何等清雅愜意！

　　現代生活繁忙，何不偷得浮生半日閒，沐浴焚香，沏壺清茶，於沁人心脾芬芳馥郁中，享受難得的寫意與悠閒！

圖4 宋 李嵩 聽阮圖（局部） 臺北故宮博物院藏

熒熒燈火
照乾坤

　　說到燈，大部分的人一定馬上會想到電燈、日光燈甚至霓虹燈，但是古時候的人可沒這麼好福氣可以享受到照明度高的燈光。在沒有發現電和燃氣以前，古代中國人多是用火把、燭或油燈來照明。

　　據甲骨文記載，中國人早在殷商時期，已使用松脂火把作為照明工具。西周時出現「燭」字，指的是已燃的火把或火炬，當時把未燃的火把稱為樵，用於把持的火把為燭，置於地上的火把為燎。

　　商周時期開始利用現成的陶制或銅製器皿，加入油脂與燈芯來燃火照明。當時有一種盛食物的器皿叫作豆，由三部分構成：上為敞口承盤，中為高柱執柄，下為喇叭口圈足。「豆」字是依

器形而造的象形字。豆形器有不同材質,《爾雅・釋器》記載:「木豆謂之豆,竹豆謂之籩,瓦豆謂之登。」瓦豆即是陶豆,稱為登。當時人常將高柱陶豆加入油與芯,點燃後可以把光送得更遠,登於是成為燈具最原始的名稱。古籍中記載:「燈源於豆,瓦豆謂之登。」漢代以銅製作淺盤長柄圓座的豆形鐙(圖1)即仿自早期的瓦登。

圖1　漢　豆形鐙
臺北故宮博物院藏

　　經過不斷改進,終於在戰國時期出現了專為照明而製作的油燈。當時還沒有植物油,用以燃燈的都是牛羊等動物油,因價格較為昂貴,所以使用油燈者大多是貴族或富裕人家,一般百姓則以燃燭為多。此時期的燈具主要以青銅製作,常見的造型有人形、鳥形和樹形等。樹形燈最早出現於戰國時期,材質以銅與陶為主,如戰國中山王陵墓出土的十五連枝燈(圖2),燈的造型如一株大樹,主幹豎立在由三頭啣環猛虎所托起的燈座上,幹上伸出十五條樹枝,枝梢各托一燈盞。枝上飾有戲耍的猴群、棲息的小鳥和攀爬至頂的夔龍,樹下站立二人嬉逗著群猴。此燈由燈

圖2　戰國　十五連枝燈
　　　河北省文物考古研究院藏

圖3　西漢　羊形銅燈
　　　北京故宮博物院藏

座和七節燈架組成，每節樹枝均可拆卸，為便於識別安裝，榫口
的形狀設計各自不同，樹枝燈盞上下錯落，造型新穎，匠心獨具。

　　漢代燈具之發展令人驚豔，其造型除了商周時期的器皿形、
人形與連枝形燈外，更出現動物形燈。如西漢羊形銅燈（圖3）
即是一例，銅羊靜臥，神態十分安詳。羊身圓渾，通體無紋樣裝
飾，羊背部與器身分開鑄造，以腦後之卡榫與器身相連，不使用
時羊背覆罩身上，羊腹中空用以儲存油脂。羊兒睜目凝視，憨態

圖 4　西漢　長信宮燈
　　　河北博物院藏

可掬。燃燈時將羊背掀起，以頭支撐作為燈盞，添油點燈後，羊
燈熒熒吐焰，一室光明。「羊」字和「祥」字通用，以羊形作燈
象徵吉祥，所以，漢代動物形燈中羊形居多。

　　西漢時期更出現了基於環境保護觀念而設計的新穎燈具，此
即中國燈具史上成就最高的釭燈。釭是中空的管狀物，釭燈則是
帶有中空煙管的燈，這種燈由燈盤、燈罩、燈蓋、煙管和集煙油
灰爐之體腔等部分組成。當燈點燃時，燈煙可以經由罩與管排入

蓄水的體腔裡，如此則煙消塵除，避免空氣被煙塵污染。漢代釭燈樣式豐富，出土文物中有人形、鳳形、牛形和雁魚形等銅釭燈，其中最具代表性者當推河北滿城西漢墓出土的長信宮燈（圖4）。此燈曾於漢文帝皇后竇氏所居的長信宮中使用。長信宮燈是一執燈跪坐宮女造型的銅燈，宮女神態恬靜優雅，全身鎏金，光彩奪目。左手執燈，右臂高舉，寬大的袖管自然下垂，巧妙地形成燈頂蓋。燈罩由兩塊弧形板構成，罩片可推動以調整照度的寬窄。燈盤附有一柄，可轉動以變換燈光照射之方向。燃燈時（圖5）所排放之煙因熱氣流揮發而上升，順著宮女的右袖管排入中空體腔，不致污染室內空氣以保持環境清潔。同時，宮女的頭部、手中的燈盤、燈罩與右袖（圖6）還可以拆卸以便清洗，設計之巧妙令人歎為觀止。

　　魏晉南北朝時期，隨著製瓷技術的成熟，瓷燈逐漸取代青銅燈，復因造價低廉，瓷燈開始廣為民間使用。此後製作燈具之材料益加多元，到隋末唐初，已有鐵、錫、銀、玉、石、木與琉璃等各類材質的燈具。

　　唐代出現一種省油燈，最初是四川邛窯地區的創造發明，流傳到南宋已相當普及。省油燈之燈盞為中空夾層，盞壁側面開孔，用以注水入夾層，以降低燈盞熱度，減少燈油揮發。由南宋陸游在《陸放翁全集・齋居紀事》所記「書燈勿用銅盞，

圖 5　西漢　長信宮燈（燃燈）　　　　圖 6　西漢　長信宮燈（拆卸後）
　　　河北博物院藏　　　　　　　　　　　　河北博物院藏

惟瓷盞最省油。蜀中有夾瓷盞，注水於盞唇竅中，可省油之
半」，可約略一窺大概。

　　到了清末民初，中國油燈被西方發明的電燈所取代，而設計
精巧、造型多變的歷代油燈則華麗轉身成為文物收藏品，往日熒
熒燈火藉以持續照耀乾坤。

穹廬格兒
蒙古包

　　中國是個多民族國家，自古以來因各民族的歷史傳統、生活習俗方式、各地自然條件與地理環境的不同，發展出各具特色的居住空間建築，如彝族的土掌房、傣族的竹樓、藏族的碉房以及蒙古族的蒙古包……等。

　　蒙古族是游牧民族，隨寒暑逐水草而居。古代稱游牧民族的居室為穹廬、氊包或氊帳，蒙古語稱為格兒，是一種因適應游牧生活而創造的可移動居所。這類住房形式不僅限於蒙古族，亦常見於中亞地區游牧民族中。這類易於拆裝便於游牧的居住形式自匈奴時代起即已出現，一直沿用至今。

　　「蒙古包」一詞始於清代，清代嘉慶年間的《黑龍江外記》一書中記載：「穹廬，國語（即滿語）曰蒙古博。俗讀『博』為

『包』。」滿語稱穹廬為「蒙古博」，滿語「博」或「包」是家或屋之意，因此，滿族將蒙古族牧民之住房稱為蒙古包或蒙古博。

　　蒙古包外貌呈圓形，無論大小，其基本構造皆相同，是由編壁、條木棱子、圓形天窗和門構成。蒙古包的架設很簡單，一般是先選好地形，鋪上地毯，豎立包門，架起編壁，上方罩以傘骨狀圓形天窗，以椽子繫帶穩固整體框架，再於帳頂及四壁覆蓋毛氈，最後用繩索勒緊繫牢固定，即大功告成。

　　蒙古族逐水草而居，一旦遷到有水草之地，總要住上幾個月等牛羊把牧草吃完才會遷移別處。因為不是臨時住幾天，所以蒙古包的搭法就比一般帳篷複雜許多，結構材料堅固耐用且拆卸方便。通常蒙古包夏季會搭置於水草茂盛處，冬季則移於山坳向陽之所。

　　蒙古包的門一般朝向東南方向，包內中央放置烹調和取暖用的爐灶，爐灶周圍鋪滿毛氈或地毯。包頂天窗除了採光，還能讓生火的柴煙飄散出去。家具大都低而小，占地少且便於搬動。蒙古包看起來外形不大，內部卻十分寬敞，採光好，冬暖夏涼。

　　王公貴族居住的蒙古包會另於包外搭敞篷作為迎賓宴客之用。傳為宋代李唐所繪《文姬歸漢圖》第三拍「成親」（圖１）描繪東漢蔡文姬被匈奴擄去十二載後，重返故國的情景。漢時匈奴大部分在蒙古高原一帶過著游牧生活，此圖重現古時氈包的樣貌。氈包門框內部交疊架構用來支撐帳篷者即為編壁，中央鋪有

圖 1　（傳）宋　李唐　文姬歸漢圖之成親　臺北故宮博物院藏

地毯，包外氈布上圍以層層白幔，包前搭一單柱敞篷。蔡文姬與
一胡人坐於篷下，前方與兩側另置數列步障以屏障風寒。

　　《文姬歸漢圖》第七拍「聽樂」（圖 2）中的蒙古包則是用
雙柱支撐包前敞篷，兩側另鋪氈毯，數名胡人坐於毯上，吹奏胡
笳。胡笳是中國古代北方民族的一種吹奏樂器，外形似笛。漢時
傳入中原，最初是卷蘆葉為笳，吹以作樂。後將蘆葉製成的哨插
入管中，成為管製的雙簧樂器。兩漢時期流行於塞北和西域游牧
民族中，成為漢樂中的主要樂器。胡笳善於表現淒愴哀怨的情
感。圖中胡人感傷蔡文姬的離去，為表思慕而吹奏的胡笳樂聲，

圖2　（傳）宋　李唐　文姬歸漢圖之聽樂　臺北故宮博物院藏

彷彿在耳。

　　第十三拍「傷別」（圖3）中描繪的則是文姬與左賢王的主
帳蒙古包，其側小型蒙古包為備餐飲之處，侍從正在收拾碗盤。
主帳大包前設有廊道與四柱支撐的廡殿頂大敞篷相連。惜別酒宴
過後，駝車與護送人馬已整裝待發，文姬與左賢王依依話別，長
子不捨母親遠行，緊緊拉著文姬衣袍，稚子伸手要回娘親懷抱，
左賢王掩面號啕，文姬心痛摀嘴無法言語，周遭侍從掩面悲泣，
畫面充分流露骨肉別離的哀傷。畫幅上方題詩：「童稚牽衣雙在
側，將來不可留又憶，還鄉惜別兩難分，寧棄胡兒歸舊國。山川

圖 3　（傳）宋　李唐　文姬歸漢圖之傷別　臺北故宮博物院藏

萬里復邊戍，背面無由得消息，淚痕滿面對殘陽，終日依依向南
北。」詩文深刻地表達出文姬陷於還鄉與親情兩難的內心矛盾。

　　元代宮廷曾建造宮殿式大型蒙古包，為居住、行政、設宴、
會客、避暑和宗教禮儀而建造，可容納數千人，十分壯觀。元代
以後，易於搭建拆卸便於移動的蒙古包也成為滿族建築中的一部
分。到了清代，宮廷中依然繼續沿用，例如乾隆年間平息準噶爾
部叛亂後，乾隆帝在避暑山莊萬樹園中接見準噶爾部首領並賜宴
之所即為一大型蒙古包。畫院畫家郎世寧等將賜宴情形仔細地描
繪於《萬樹園賜宴圖》（圖 4）中，畫幅後方為一豪華大型蒙古

包式帳殿，內鋪地毯，設寶座，擺宴桌。兩側另有小型蒙古包及廡殿頂垂幔帳篷。乾隆帝端坐於十六名太監抬著的肩輿上，在王公貴族與文武大臣簇擁下，緩緩進入宴會場地，文武百官向皇帝行跪拜之禮，準噶爾部首領等都跪於地迎候。碩大的蒙古包彰顯了乾隆皇帝君臨天下的氣勢。

　　蒙古包是蒙古族經過千百年來的摸索發展出造型獨特的居住空間，不僅能經受大自然風霜雨雪的考驗，更讓游牧民族便於自由遷徙。蒙古包不僅是家庭與部落生活的中心，更見證了蒙古族世世代代的文化傳承。

圖 4　清　郎世寧等　萬樹園賜宴圖　北京故宮博物院藏

第四章

行

玉輅鑾鈴
輇車捷

現在出門最方便的交通工具應該是地鐵或公車了，當然如果能開車、騎自行車或摩托車，那就更是來去自如了。不過，古代中國人和這些交通工具是無緣一見的，這並不是說古時候沒有車，而是古代的車全賴獸力或人力拉動，還沒有像現代這樣靠機械引擎驅動的車。

中國車輛相傳創於黃帝。史籍中記載，距今將近五千年前，黃帝以橫木為軒，直木為轅，創造了車子，故號為軒轅氏。到了夏禹時期，經過研究改良後，車輛形制發展出一定規制。到了商周時期，車輛已與後世無多大差異。車輛可大致分為有蓋與無蓋兩類，車蓋一為防雨，一為表示尊貴，通常車蓋是可以拆卸解下的。車輛附上帷幕以為屏障者稱為帷車、緇車或衣車。漢代以

前，帷車只供婦女乘坐，如此婦女的容顏不致為外人看到，一般人使用的車則不附帷幕；而且，只有婦女能坐於車中，男子乘車皆為立乘，即使天子亦不例外。漢代以後，坐乘漸漸流行，男子也時興坐帷車，因為坐在車裡總比站著要安逸舒適些，由於帷車有遮帷可保護隱私，漢代以後大都改為乘坐帷車了。

　　古代天子用車稱為輅車。輅是古代車轅上用來輓車的橫木，也用來稱呼大型車輛，因此用珠玉裝飾專供帝王所乘的大車，即稱為玉輅。傳為宋代畫家李公麟所繪《孝經圖》（圖1）中，描繪有

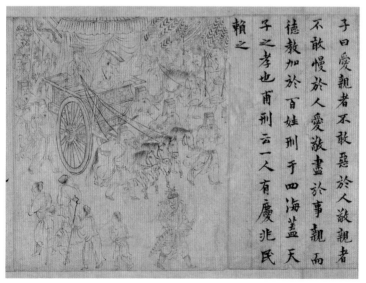

圖1　（傳）宋　李公麟　孝經圖（局部　諸侯用車）　臺北故宮博物院藏

圖2 明 出警圖（局部 象車） 臺北故宮博物院藏

諸侯出巡情況。諸侯為地位僅次於天子的一國之君，他雙臂伏於車軾上，看著車下的子民，御者居諸侯之右，此為古禮。古時人雖尚右，唯獨乘車尚左，故乘者皆位於御者之左。不過，兵車則例外，御者居左，元帥居右。畫幅中拉車的四匹馬，中央兩匹負責用力向前的馬稱為兩服，外側兩匹負責左右方向的馬稱為兩驂，四匹馬拉的車稱為上乘，如果只有兩匹，則稱為中乘。帝王所乘之車尚有鑾車，即系有鈴鐺的車駕。《說文解字》謂：「鑾，人君乘車，四馬鑣，八鑾鈴，象鸞鳥聲，和則敬也。」試想華麗玉輅車駕前進時，鑾鈴齊鳴，旌旗飄揚，百姓仰望拜揖，帝王威儀盡現眼前。

皇帝出巡時最引人注目的應是作為先導並以鼓吹清道之象車。象車之制始於兩晉，晉武帝時南越獻馴象，帝詔做大車駕

之，以載黃門鼓吹，使馴人騎之，後世承其制。明人《出警圖》（圖 2）中可見象車之儀制，四頭大象背覆錦披，上置黃金寶瓶，協力拉著華麗的彩繪朱漆雙輪車緩緩前進。

　　除了馬車外，牛車在民間最常見。清代畫院所繪《清明上河圖》（圖 3）中，兩輛雙輪牛車分別由三頭牛拉著前進，車頂裝篷以遮陽避雨，趕車人或在前牽著韁，或在一旁持鞭督促。牛車後方另有一驢吃力地拉著車，一般較窮困的人家買不起牛馬，只好用驢或人來拉車，以人挽行或推拉的車則稱作輦。北方常用的合掛大車是用多頭驢或騾來拉行。清代畫院畫家所繪《清明上

圖 3　清院本　清明上河圖（局部　牛車）　臺北故宮博物院藏

圖 4　清院本　清明上河圖（局部　合掛大車）　臺北故宮博物院藏

河圖》中的合掛大車（圖 4）載貨極重，動用了二十頭騾子才能拉動。大車上站著人吆喝前進，騾隊兩側另有趕車人持鞭催打，車後繫了三頭備用騾子，好接替前面隊伍中拉累了的夥伴，一步一步辛苦地將一車貨運到目的地。

　　上述皆為日常代步或載物之車輛，若是作戰時用於攻防則有特殊設計的戰車。黃河流域的中原大地是中華民族的重要發祥地，地勢平坦開闊，宜於車戰，所以，從商朝到戰國時期，作戰的方式主要為車戰。考古出土有商晚期的戰車，獨輈兩輪

上架長方形車廂，廂門開於後方，轅前端置車衡，車衡上縛兩軛用以駕馬。每輛戰車載甲士三名，左方甲士持弓，主射，是一車之首，稱車左又稱甲首；右方甲士執戈或矛，主擊刺，排除障礙，稱車右，又稱參乘；居中者是駕馭戰車之御者，隨身佩帶防身的短兵器。戰車上的三名甲士加上隸屬的步卒、後勤車輛與徒役，是當時軍隊的基本編制單位，稱為一乘。據史籍記載，商湯滅夏之主力為「良車七十乘」；周武王滅商之主力是「戎車三百乘」。到了春秋末期，大型諸侯國擁有戰車數量已高達四千乘以上。中國古代兩軍對峙時，除衝鋒陷陣的戰車外，還需有載兵器、運糧草炊具和燃料等運輸車輛。大隊車馬浩浩蕩蕩駛向戰場，萬乘之國的氣派可想而知。

　　秦漢時期，戰爭地域擴及華北山地與江南水域，戰車無法有效發揮戰力，靈活機動的騎兵興起，攻擊主力的戰車從此退出戰場。而在攻城防守的戰事中，出現其他類型的戰車，如樓車在車上高懸望樓，以偵察敵軍動靜；又如巢車於車上設有以轆轤升降的瞭望臺以窺探敵情，因人在瞭望臺中如鳥在巢中，故稱巢車。

　　戰車雖退出戰場，但依其形制演變出一種輕便快捷的小馬車，稱為軺車。《釋名・釋車》解釋軺車之名：「軺車，遙也，遠也，四向遠望之車也。」漢代初期的軺車為立乘，後改為坐乘，一車可乘坐二人。因軺車結構簡單，快馬輕車便於出行，小

圖 5　東漢　軺車（隨葬模型）
甘肅省博物館藏

吏外出辦公或郵驛傳遞公文時多用軺車。如甘肅出土的東漢軺車
銅鑄隨葬模型（圖 5）。車為雙轅，轅之前端伸出車廂與橫軛相
接，車廂之上設傘遮蓋，傘柄自車廂前軾之孔眼中插下，直通車
廂底，雙手持韁之小吏跪坐於車廂內左側。由此結構輕巧的軺車
模型，可約略推想漢代軺車的真實形貌。

傘蓋禦雨　壯威儀

　　下雨天撐傘是司空見慣的事，自古至今傘的變化不算大，只不過現在的傘大都是尼龍布或塑膠製品，以前則多是油紙傘罷了。可是，另外一種和傘形式差不多的用具，現在卻很少見到，那就是蓋，由於形狀似傘，故也稱作傘蓋。

　　古時的蓋有兩種功用：一是禦雨，另一則是顯示尊嚴威儀。通常，蓋多裝置於輦車上遮風擋雨，或是隨行於王公貴族出行的儀仗中以示尊榮。車上置蓋源於黃帝，相傳黃帝與蚩尤大戰於涿鹿之時，常有五色雲氣停於黃帝車上，於是，黃帝就命人仿製而成車蓋。歷來王公列侯的車蓋都非常考究，據文獻記載，有的用孔雀羽毛覆蓋於頂，稱為羽蓋；也有用金玉裝飾再繡上荷花、靈芝或鳳凰等花樣，稱為荷蓋、芝蓋或鳳蓋。這些華美的傘蓋雖已

不見實物，但清乾隆皇帝敕令編纂的《皇朝禮器圖式》中記載元代孔雀蓋，以朱漆竿，首建小蓋，蓋頂以孔雀毛徑尺許，下垂孔雀尾。乾隆帝以此為本，另以繡滿孔雀翎的綠緞為之，稱為翠華蓋；又依漢代典籍所載芝蓋，以通繡五色靈芝的紫緞為之，稱為紫芝蓋，將古代傘蓋的華美風采以新穎之形式呈現。

　　秦代以前帝王出行儀仗傘蓋的使用情況史載不詳，所幸由秦始皇帝陵出土的陪葬銅馬車（圖1）可一窺秦代車上傘蓋的樣貌。銅馬車為雙輪單轅結構，車輿前、左、右三面立有欄板，前

圖1　秦　陪葬銅馬車
　　　秦始皇帝陵博物院藏

端有軾，後為車門。十字形傘座立於輿內，座上插長柄銅傘，由座、柄、蓋三部分組成。傘柄以飾有錯金銀紋樣之圓管相接而成，傘蓋由一片穹隆形銅板、蓋斗與蓋弓等部分組成。御者雙手控轡立於傘下，神情恭謹肅穆。銅馬車採用鑄造、銲接、鑲嵌、子母扣連接和轉軸連接等多種工藝技術製成，車上鏈條至今仍然轉動靈活，車門亦開合自如，牽動轅衡即能行進。秦代高超的青銅鑄造工藝由此可見。人俑車馬約為真人車馬的二分之一大小，通體飾有精美彩繪，以白色為基調，配以大量金銀配飾，肅穆典雅中透著富麗華貴。據記載，秦始皇出遊時的車乘有八十一駕，此車僅是車隊中后妃身分之乘車，當時出巡的盛況可想而知。

　　漢代開始，帝王出巡已發展出完整的制度。《後漢書・輿服志》記錄有傘蓋之使用規定：皇帝、太皇太后和皇太后使用羽蓋；皇太子和皇子使用青蓋。千石以上的官員用皂繒覆蓋，三百石以上皂布蓋，二百石以下白布蓋。而庶民百姓則沒有用蓋的權利，至於商人甚至禁止乘車。

　　唐玄宗時對各種場合儀仗傘蓋之使用有較嚴格的規定，例如宮中大朝會時，要使用大傘一把、大小方圓華蓋一百五十六柄，分別列於御座的左右。唐宋以後帝王出巡儀仗隊之傘蓋儀制規定益加完整，形制也越來越多變化。宋代以前之傘蓋皆平頂，元代則另於蓋頂加上金浮屠以示尊崇。

　　自漢代起，帝王出巡之儀衛屆從正式稱為鹵簿。鹵是車駕次第，簿是前導兵衛。明代的鹵簿更進一步分為祭祀時用的大駕鹵簿、朝會慶典時用的丹陛駕鹵簿以及南巡時用的武陳駕鹵簿三種，而使用的數量、品類與色彩皆有嚴格的規定。鹵簿之記錄圖文並列，其中輦、輅、輿、車、拂塵、提爐、香盒、水瓶、交椅、儀刀、戟、蓋、扇、幢、幡、旌、節、仗、燈……等，總計數十類。皇家成員在出行時，不同等級的鹵簿儀仗形制各有分別，器用亦有差異，以示尊卑。如清《儀駕圖》（圖 2）中所示為太皇太后、皇太后與皇后使用之儀仗，稱為儀駕，凡三大節及

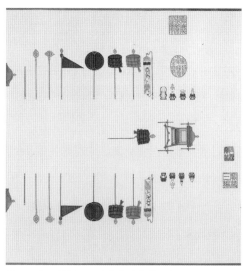

圖 2　清　儀駕圖　臺北故宮博物院藏

圖 3　明　出警圖（局部　儀仗）　臺北故宮博物院藏

諸慶典，由鑾儀衛陳設備用。圖中器物皆設色描金，傘蓋色彩繽紛，如黃九鳳傘、紅瑞革傘、青九鳳傘、白銀花傘、黑描金傘等，不一而足；圓頂、方頂、直柄、曲柄各種形制皆備。節慶活動正式出行時，就如明代宮廷畫家所繪《出警圖》（圖 3）中的皇家儀仗隊伍，聲勢浩大，充分展現出皇家威儀。

　　《出警圖》和《入蹕圖》二幅長卷合稱為《出警入蹕圖》，描繪明代神宗皇帝謁陵祭祖出京與還宮時行進情況。「蹕」是皇帝的車駕，警蹕意為清道，即路上禁止行人，以便帝王車駕通行。《出警圖》繪皇帝騎馬由陸路出京，《入蹕圖》繪皇帝乘船

圖 4　明　入蹕圖（局部　直柄傘蓋）　臺北故宮博物院藏

走水路還京。儀仗隊中的傘蓋大多為直柄，如《入蹕圖》（圖 4）
中侍從所持之紅、黃、藍、白、黑等傘蓋。這支盛大的皇家謁陵
隊伍，由手持兵器的護衛、儀仗隊侍從與文武百官陪同，自北京
城德勝門出發，一直到距離京城四十五公里外明朝歷代皇帝陵寢
的天壽山。曲柄傘蓋則見於《出警圖》（圖 5）中，隨侍皇帝身
後的兩名侍從所持之明黃華蓋，這兩柄傘蓋之柄不是由頂直下，
而是在上半段形成一彎曲。這種曲柄傘蓋又稱曲蓋，相傳周武王
伐紂時，傘蓋為大風吹折，後特地依其形狀而制。曲蓋對於撐蓋

圖5 明 出警圖（局部 曲柄傘蓋） 臺北故宮博物院藏

之侍從而言實為一種省力的設計。因侍從地位低下，不能與權貴
並行，走在後方的侍從向前斜舉傘蓋為帝王遮雨甚為吃力，曲柄
傘蓋不用斜撐，即可由後伸向前，遮於主人頭頂。萬曆皇帝跨騎
烏雲蓋雪名駒，身著兩臂繡有精美龍紋的金色盔甲，佩刀持弓，
單手控韁，緩步而行，英姿颯爽，氣派非凡。兩隻曲柄傘蓋上繡
有金龍與五色錦飾，傘蓋之下以雪白緞帷繞繫曲柄，華麗美觀。
如今，這樣的場面已不可得見。不過，每當用傘時，想起傘的姊
妹──蓋，曾經有過的輝煌歷史，撐起傘來豈不更有意思！

一船過盡一船來

　　古代中國人講到交通，總是說「北人走馬，南人行船」。因為中國北方較乾旱，交通以陸路為主；南方則多河川湖泊，水路是較為便捷的通行方式。陸上交通方式以徒步或車馬代步即可，而水上行則必得仰賴船隻才行。

　　船是怎麼來的呢？中國古書上記載，古人看到落葉漂浮於水上，因而仿其形造舟船；也有的記載，是看到中空的枯木浮於水面而領悟到造船的道理。總而言之，不論起源為何，中國人早在殷商時期之前就已經知道製造船隻來渡水。所以，在殷商甲骨文中已有「舟」字以及以舟為偏旁的字出現，可見舟船在商代已經普遍被使用。

　　早期的船構造簡單，或是將木頭挖空製成獨木舟，或是用木

板拼成船，更簡便的則是將木條、竹竿，甚至吹滿氣的完整獸皮綁在一起，做成木筏、竹筏乃至皮筏。中國北方較多使用皮筏，南方則多用竹木筏。清代院畫《清明上河圖》中所繪即竹筏（圖1），畫幅左下方的兩排竹筏是用十餘根竹竿繫成，因竹竿有長有短，以致筏尾參差不齊，筏上搭有小篷可置物或休息，右側一筏已泊岸，兩人在岸邊打樁繫纜，左邊一筏正準備靠岸，船伕們或站或坐或跪，努力撐著篙將竹筏駛向岸邊。

　　筏因構造簡單，故形制並無多大差別，船就不同了。由於造船的技術越來越進步，船的形制也就愈演變愈複雜，船上附加物

圖1　清院本　清明上河圖（局部　竹筏）　臺北故宮博物院藏

漸增，船的尺寸也愈大，由簡單的獨木舟，到拼板層樓疊屋的樓船。樓船是中國古代戰船，於大船甲板上建樓數層，因而得名。因樓高船大，遠攻近戰皆宜，為古代水戰之主力。樓船之名最早出現於春秋戰國時期的越國，而真正於大戰爭中出現，則見於吳楚之戰中，吳國以大型樓船作為指揮艦。到了西漢時期，樓船成為主力戰艦，統率水軍者稱為樓船將軍，所率之水兵稱為樓船士。漢武帝時對南越與朝鮮等戰爭中，樓船都發揮了極重要的作用。漢代造船業相當發達，除戰時使用外，樓船也被用作高級遊船，據記載漢武帝曾建造可以承載萬人的豫章樓船。東漢初年，漢中地區更曾建造以絲帛裝飾的十層赤樓帛蘭船。高大壯觀的漢代樓船無法親睹，但是在後世繪畫中仍可見到具體而微的樓船，如清代丁觀鵬所繪《南呂金行圖》（圖2）中即有乾隆皇帝於北海與中海之間的太液池中乘坐之小型遊樂樓船。南呂是中國古代傳統音樂十二律之一，後將十二律與十二月結合稱為十二月律，南呂對應者為仲秋之月，秋在五行中屬於金，故而描繪金秋時節乾隆帝於太液池中泛舟之畫，名之為「南呂金行」。

　　古代舟船除了以人力划槳行船外，也有在船上設置桅杆張帆，借風力行駛的帆船。如宋人《江帆山市圖》（圖3）中所繪就是宋代帆船的樣貌。波光粼粼的江面上，一艘風帆飽滿的船正順風駛向岸邊。船頂一人著官服官帽，正翹首眺望對岸，岸邊有

圖2　清　丁觀鵬　南呂金行圖（樓船）　臺北故宮博物院藏

圖3　宋　江帆山市圖　臺北故宮博物院藏

兩艘靠岸的帆船，風帆已收起，桅繩則權充曬衣繩以晾掛衣物。
畫中所繪皆小型單帆船，若是大些的帆船則不止一張帆。宋代記
載中提到有懸四張帆之船，四帆有正有背有側有斜，用以取各個
方向吹來之風，借四面八方風力的四帆船行駛起來當然比單帆船
要迅疾許多。

　　除了用槳與帆外，在江河湍急或是水淺的河道中，船舶的行
進就必須採用拉縴的方式。拉縴是由縴夫在岸上用縴繩拉著船前
進。四川、貴州一帶因江流迅急，船逆行而上時，拉縴是唯一的
行船方法。縴夫們在岸上拉著縴，吆喝使力，一喝一進，步步拉

圖4 清院本 清明上河圖（局部 拉縴） 臺北故宮博物院藏

船上行。清代院畫《清明上河圖》（圖4）中，商船在較淺的河道上，就是靠岸上拉縴，船上撐篙，同心協力把船拉過橋孔。正是，不道溪深待船久，一船過盡一船來！

水上漁家
苦樂多

「江頭漁家結茅廬，青山當門畫不如」這兩句描寫漁家水上生活中悠閒的情景，實在令人嚮往。想想泛舟江上捕魚之暇，還能享受江上清風，放眼望去，夾岸綠蔭，層層青山，無一不勝似畫中景色，這樣的生活真是愜意。但是，這份愜意只是水上人家甘苦的一小部分，要經過多少張網結罟辛勞等待，捕獲魚兒換取溫飽之後，才有心思去享受那「青山當門畫不如」的悠閒。所以，唯有瞭解漁忙時的辛勞，才更能深刻感受水上人家的甘苦滋味。

在江上捕魚衣著必得輕便，即便是十二月天讓人冷得發抖，漁人們也照樣上陣。五代畫家趙幹在《江行初雪圖》中翔實生動地描繪出漁家在冬天工作的情形。刺骨寒風中，為了溫飽，漁人

還是得在冷颼颼的江邊撒網捕魚。兩艘小舟上的漁夫撐著篙，專注地看著水中準備捕魚；另一艘小舟的船頭架設了一個四邊有支架的大漁網，稱為罾。罾的上端由兩根竹竿架著（圖 1），後繫一繩與另一竿相連，繩末端由人控制，如要讓網下沉入水，則放鬆繩索。圖中在船尾控制繩索的漁夫正吃力地旋轉著如轆轤一般的木棍，一小童在一旁幫忙整理繩索，大漁網慢慢自水中升起，守在漁網邊的老漁夫左手扶著網，右手持一桿小網，在大網中探取是否有漁獲。看他略帶微笑，八成是捕到魚了！

圖 1 五代 趙幹 江行初雪圖（局部 船頭架罾） 臺北故宮博物院藏

圖2　五代　趙幹　江行初雪圖（局部　茅棚架罾）　臺北故宮博物院藏

　　罾不一定架在船上，也可以裝於水邊之茅棚架（圖2）。茅棚用木條搭起基架，再用竹片與蘆葦編的篷席搭成拱形的棚頂以避風雨。兩個小漁夫瑟縮在茅棚裡避寒，眼睛緊緊盯著棚架上已沉入水中的大罾。罾的前方豎著兩排圈住魚路的圍籬，魚兒被圍籬擋住，只能由開口處游出，正好游入大弓網中。兩人一個撐傘擋著雨雪，一個拉著繩索，準備魚兒自投羅網後馬上將罾拉出水面，那麼一天的辛苦就有收穫了！

　　河岸邊水淺的地方沒法張大網，儘管天寒地凍，漁夫們只能下水拿著長方漁網準備入水捕魚（圖3）。江邊蘆葦上落滿雪

圖3 五代 趙幹 江行初雪圖（局部 入水捕魚） 臺北故宮博物院藏

花，而漁人卻只穿著單薄的短衣褲，踩著冰冷的江水，為了生
活，只有咬著牙往水裡鑽，漁家生活的辛苦可想而知。

　　辛苦一天，捕魚告一段落，漁人可以好好吃頓飯再休息了。
水上人家工作在水上，吃也在水上，憩息也在水上，一家五口把
兩艘船停泊在有樹可避風的岸邊（圖4），一舟上的漁夫正在船
頭生火煮飯，熬著熱粥和濃湯，船尾坐著一小童，冷得雙手攏在
袖中，眼睛卻盯著熱氣騰騰的鍋；另一小舟上的漁夫撐著篙穩住
船身，舟上母子二人撐著傘，搗著手蜷坐一旁等候，看著白白的
熱氣飄出鍋外，待會兒鍋蓋一掀，香味四溢，全家一頓飽餐和充

圖 4　五代　趙幹　江行初雪圖（局部　舟中炊食）　臺北故宮博物院藏

分休息後，明天又是一段辛勞的水上生涯！正是清代鄭燮詩「賣得鮮魚二百錢，糴糧炊飯放歸船。拔來濕葦燒難著，曬在垂楊古岸邊」之寫照。

　　漁人們穿著單薄，身形消瘦，在天寒地凍的時節，仍需架網捕魚以換得一家溫飽。在浩渺寬廣的水域蘆葦間、江水畔、草棚中與小舟上，一張張辛勞認真的面孔刻畫著生活的滄桑與生命的無奈，然而苦中有樂，艱辛中有溫情。

　　寒冬過後，水上漁家苦盡甘來，日子就過得樂多苦少了。明代周臣《漁村圖》中生動地描繪出漁家樂的場景。捕魚雖然辛苦，但用老祖先傳下來的鸕鶿捕魚法就輕鬆多了。鸕鶿善於潛水，以魚類為食，在東方和其他各地，已被馴化為捕魚工具（圖5）。

圖5　明　周臣　漁村圖（局部　鸕鶿捕魚）　臺北故宮博物院藏

圖6　明　周臣　漁村圖（局部　漁家樂）　臺北故宮博物院藏

圖中三艘小舟載著十餘隻鸕鷀，其中五隻合力將捕獲的大魚銜起，小舟上漁夫正笑呵呵地伸手抓魚。而捕完漁獲的漁夫們則將漁舟泊聚在一起歡笑喧鬧（圖6），有的為夥伴倒酒，有的斜倚酒罈歇息，有的手舞足蹈，醉態可掬。還有漁人好整以暇地橫笛吹奏起來。眷屬們有的抱著可愛的小娃娃，有的拿著筷子餵食小孩。上方泊於江邊的二舟上，一人怡然自得地蹺腳讀書，鄰舟婦人則專心吹爐火準備做飯，水上漁家生活中休閒溫馨之樂如實呈現眼前。

杖履兼程
行萬里

　　現代人出外旅行是非常方便的事，食宿交通都不成問題，只要把旅費準備好，帶上換洗衣物，即可上路。但要是換成在古代，那可就麻煩多了。

　　先談住吧。中國的旅館要到戰國時代才有，當時稱之為逆旅，依《爾雅·釋言》中說明：「逆，迎也。」蓋逆之原意是與他人方向相反，即面對他人，含迎向之意，逆旅即迎接旅客之所。戰國以前，除非是政府官員，有政府設置的候館可供住宿，一般人旅行過夜都只能投宿民家。

　　再談吃的。一直到南北朝時期，旅店才開始提供食物供旅客果腹，在此之前的客舍都只供宿而無膳，所以，出遠門必須自備糧食。《莊子》中寫道：「適百里者，宿舂糧；適千里者，三月

聚糧。」可知當時的旅行者去百里以外，要準備過夜的乾糧；而要去千里之外的人，則必須準備三個月的糧食。除此之外，長途跋涉只帶糧食還不行，如要熱食，還得自備炊具餐具，否則只能一路吃冷食啃乾糧了。《論語》中也記載：「（孔子）在陳絕糧，從者病，莫能興。子路慍見曰：『君子亦有窮乎？』子曰：『君子固窮，小人窮斯濫矣。』」孔子周遊列國時，師生避亂南行，行至陳蔡之間，因為戰亂而田園荒蕪，人煙難覓，終至糧盡斷食。跟隨的學生都因飢餓而患病，沒法起身。子路忿忿不平地表示，難道君子也有窮困潦倒的時候？孔子回答道，君子雖窮，但窮不失志，而小人一旦窮困，就會自暴自棄而一蹶不振。孔子臨危不亂，遇困境仍把握機會教育學生做人道理，至聖先師當之無愧。

　　古代旅行中，必須隨身攜帶常備藥物，另一項必備者則是虎子，即夜壺。因為古代客棧沒有專門的廁所，所以，夜壺也是旅行必備用品。

　　最後談行。乘車乘船當然便捷些，但一般而言，安步當車，徒步旅行是最節省的旅行方式，騎驢或馬代步，也是經濟方法。在投宿客棧或通過關口要道時，必須繳驗身分證明，這種身分證明稱為驗、節或傳，就如同現代住旅館需用身分證或護照一樣。

　　雖說古代旅行有諸多不便，但道路情況卻不錯。中國道路修築發展得很早，在周代已經有平直的大馬路，《詩經》描述

「周道如砥，其直如矢」，可知周代之道路已相當平整。秦代更修築馳道以利天子巡幸天下，當時的馳道從咸陽與洛陽兩城向外輻射而出，路面寬廣，兩旁植樹，類似現代的高速公路。漢代繼續擴展道路，以長安為中心形成一個連綿的道路網。這些大道之外，地方上的小徑也四通八達，在偏遠的山谷陡峭崎嶇處，更有用木架築成的棧道以便行旅通過。唐人畫《明皇幸蜀圖》中，就描繪有危岩深壑之上，鑽岩插木搭柱撐板的棧道（圖 1）。盤旋於高山峽谷間的川陝棧道令人歎為觀止，真正是

圖 1　唐　明皇幸蜀圖（局部　棧道）
臺北故宮博物院藏

圖 2　宋　范寬　溪山行旅圖（局部　旅人）　臺北故宮博物院藏

「蜀道之難，難於上青天」！

　　古畫中有不少描寫行旅的作品，像是宋代范寬《溪山行旅圖》（圖 2）中，兩位旅人在深山中趕路，四頭驢子馱著行李與糧食，一人持杖在前方引路，一人背負行李架殿後。在滾輪行李箱出現前，這種行李背架是古代旅行時幫助個人攜帶行李的一種工具。宋代張擇端所繪《清明上河圖》（圖 3）中，就很清楚地將

圖3　宋　張擇端　清明上河圖（局部　行腳僧）　北京故宮博物
院藏

這種行李背架描繪出來。一名行腳僧打著綁腿，足蹬適於長途旅
行的草鞋，踽踽獨行汴梁鬧街上。他所背的行李架，稱為經篋。
經篋中盛放經卷什物，還插著一根枴杖。僧人右手持拂塵，左手
持經卷。經篋上方往前延伸出一遮風避雨的竹篾編織頂蓋，頂蓋
垂下的諸多物件中有一盞小燈，於夜間行進時可作照明之用。

　　自元末明初始，文人於旅遊後，常以繪畫記錄其行程與景

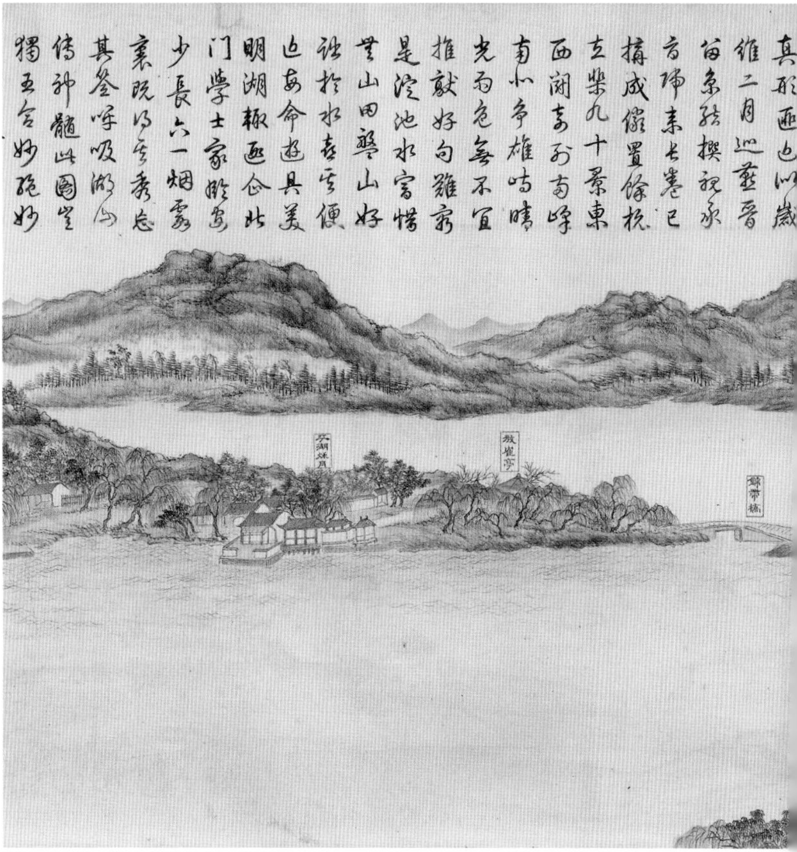

圖 4　清　董邦達　西湖十景圖（局部）　臺北故宮博物院藏

點，稱之為記游圖或紀行圖。晚明以後，山水畫風受到記游圖影
響，變得更加具體寫實。如清代董邦達所繪之《西湖十景圖》

曾傳西湖似西
子但聞雪手知
其美宴光手右
以上人筆有宾宾
遠後世汁未兒頼
危宴弓食浪以
湖宀此斜湖山
弓知庭不疑箒
翁何以善辛語

（圖4）是在乾隆皇帝南巡前，臣工以繪畫方式所作的江南旅遊訊息圖，如白堤東端第一橋的「斷橋殘雪」與白堤西端孤山南麓的「平湖秋月」等景點，讓皇帝於南巡前先透過旅遊訊息圖來感受西湖之美並熟悉西湖十景之特色。

　　晚明文人自行出版的文集中，出現大量詠景記游的文章。最著名者當推明末地理學家徐霞客，經過三十餘年冒險探索的旅行之後，他留下了六十餘萬字的旅遊紀錄，後人整理成《徐霞客遊記》一書，內容包括幾乎大半個中國的美景，被譽為「古今遊記之最」，徐霞客可算是中國窮游背包客始祖和實用旅行攻略先驅呢！

第五章

育

古來百善
孝為先

中國人食、衣、住、行中的茶米、餅麵、絲綢、冠冕、鞋履、香爐、屏風，乃至車、船等，皆為物質生活中所需的用品實物，而在中國人的精神生活中，最基本的則當推孝道。

俗諺「百善孝為先」，在所有的德行中，孝是最重要的一環。從小師長就教導我們要孝順父母，順是順從父母的意思，也就是聽爸爸媽媽的話，這一點做來不算難。孝是善事父母，簡單地說，是要全心全意地愛父母、體貼父母。這一點小時候體會不到，因為那時父母是生活的主心骨。等到逐漸長大後，對父母的愛雖然不變，但分心的事愈來愈多，還報給父母的關愛就不自覺地不夠周到了。古人書中有謂：「樹欲靜而風不止，子欲養而親不待。」為人子的悲痛與悔恨實在莫過於此。所以，年事稍長

後，對孝道的實踐就更需要盡心盡力了。

　　歷史上孝之大者當首推《史記》作者漢代史學家司馬遷。司馬家族在周代即任太史，春秋戰國諸侯兼併，家族沒落，逐漸失去家學傳統。遷之父司馬談博學多才，被委以太史令之職，然因封禪事忤漢武帝，司馬談唯恐孔子微言大義之春秋筆法後繼無人，遂引《孝經》之言「且夫孝始於事親，中於事君，終於立身。揚名於後世，以顯父母」勉勵司馬遷接續家學。遷繼任太史令後，因李陵降匈奴事忤漢武帝，被打入死牢。為實踐父親遺訓，遷自請宮刑後改任中書令，忍辱苟活發憤著書，六年後《史記》完成。南宋史學家鄭樵贊曰：「使百代而下，史官不能易其法，學者不能捨其書。六經之後，惟有此作。」在這部血淚寫就的曠世巨著中，司馬遷秉筆直書批判漢武帝，司馬遷也因此再度被打入死牢，屈死獄中。司馬遷著《史記》即是「揚名於後世，以顯父母，此孝之大者」。

　　《孝經》是曾子記錄孔子之教誨，綜述孝道思想而成之書，是中國人對孝道最精微的闡釋。其內容由孔子開宗明義論孝開始，次述天子、諸侯、卿大夫、士與庶人等不同身分者應盡之孝，接著再論孝治、諫君與事君等孝的功德與範圍，使歷代中國人論孝，不僅止於親子之孝，更擴及於立身行道與德治教化。孝道實即中國倫理文化傳統的基礎，中國人生活的根本。

　　將《孝經》文字轉化為繪畫形象，有利於教化普及，所以自古以來，以《孝經》為題材的繪畫很多。南宋高宗皇帝就常令畫師依據《孝經》繪製成圖，賞賜群臣作為教化宣傳。傳為宋代李公麟的《孝經圖》中，用不同的場景詮釋不同階層人士盡孝忠君的意涵。「開宗明義」第一章（圖1）是全書的綱領，開示孝道

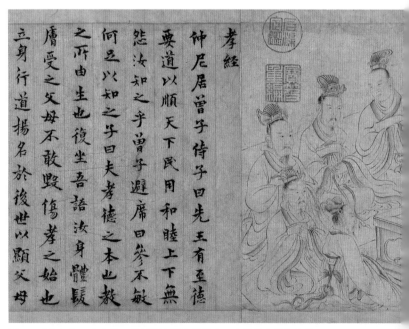

圖1　（傳）宋　李公麟　孝經圖之開宗明義章　臺北故宮博物院藏

的宗旨，說明以孝為政，則上下無怨；以孝立身，則顯親揚名。
右幅描繪孔子坐榻上，對長跪於前的曾子與諸弟子講述孝道的情
景，左幅書寫第一章全文，其中既有司馬談教誨司馬遷所引，也
是中國人多能背誦之句：「身體髮膚，受之父母，不敢毀傷，孝
之始也。立身行道，揚名於後世，以顯父母，孝之終也。」

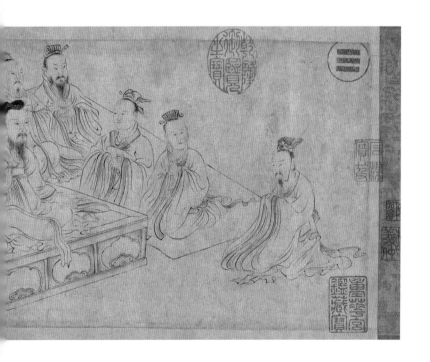

　　傳為宋高宗書、馬和之繪《孝經圖》第二章為「天子章」
（圖2），右幅描繪天子畢恭畢敬地跪向母后請安，左幅所書：
「子曰：『愛親者，不敢惡於人；敬親者，不敢慢於人。愛敬盡
於事親，而德教加於百姓，刑於四海，蓋天子（之孝也）。』」
此章講述天子的孝道，天子雖然地位尊貴，但也是父母所生，天
子如果能以身作則，愛敬父母，那麼人民一定會受其感化，都能
對雙親盡孝。

　　傳李公麟《孝經圖》之「士人章」（圖3）描繪二老盤膝安
坐，其前滿置食品，士人跪於地與立於屏風側的妻子一同侍奉雙

圖2　（傳）宋　宋高宗書、馬和之繪　孝經圖之天子章　臺北故宮博物院藏

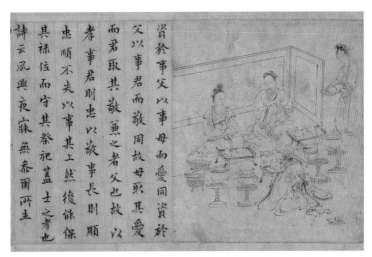

圖3　（傳）宋　李公麟　孝經圖之士人章　臺北故宮博物院藏

親，父母親欣慰地接受子女們妥帖的照顧。士人章云：「資於事父以事母，而愛同；資於（事）父以事君，而敬同。故母取其愛，而君取其敬，兼之者父也。故以孝事君，則忠；以敬事長，則順。忠順不失，以事其上，然後能保其祿位，而守其祭祀，蓋士之孝也。《詩》云：『夙興夜寐，無忝爾所生。』」意即士人應以侍奉父母的愛敬之心去事君事上，做到事上以順，事君以忠，盡職盡分，才不會辱及父母，從而完成肩負之重任。

　　李公麟《孝經圖》之「三才章」（圖4）中描繪百姓在溪邊宴飲歌舞、揖讓寒暄的和樂畫面，說明孝道是貫通天、地、人三

圖4 （傳）宋 李公麟 孝經圖之三才章 臺北故宮博物院藏

才為一的道理。天包羅萬象，地孕育萬物，人的孝道則是百行之首。人應當效法天地永恆不變的自然法則，孝敬父母；而在上位的君主，也當因孝立教。正如孔子所云：「夫孝，天之經也，地之義也，民之行也。」

《孝經》明白指出，人雖有尊卑地位之不同，但事親盡孝的心，卻是不分貴賤、沒有終始的。從敬愛父母，進而尊敬長上，愛護人民，乃至愛護萬物，所有修身、齊家、治國、平天下的道理都包含於孝道之中，也因此孝道始終是中國傳統文化倫理道德之中心思想。

百善孝為先，身為人子，千萬不要留下「樹欲靜而風不止，子欲養而親不待」的遺憾！

興學教化
育英才

　　人的一生當中，學校是一個影響極大的場所，在踏入社會以前，人的生活圈子總離不開家庭與學校。從幼稚園開始，小學、初中、高中到大學，幾乎已是大多數人必經之路。在學校除了吸收知識、培養學問外，更要學習在團體生活中，人與人之相處之道。同時，也學習如何修養個人的德行，成為有用之人，日後能將所學貢獻給社會，這是進學校受教育的最根本目的，也是學校教育的一貫傳統。古今學校教育的內容或有出入，但宗旨始終不變，除傳授知識技能外，最要緊的是教導學生如何做人。不過，在學校制度與上課形式方面，中國古代的學校就和現代不太一樣了。

　　中國古代學校最初設立的目的是為政府培養治國人才。夏、商、周三代主要是世襲貴族政治，入學受教育者皆為貴族官員子

弟，民間子弟沒有機會接受學校教育。西周前期，因戰事頻仍，學校教育以武事為主。西周後期政權趨於穩定，學校開始加強文化教育，教師多改由文官擔任，教育內容以禮、樂、射、御、書、數六藝為主。到了東周時期，天下大亂，周王失去對全國的控制，諸侯各自依行政區設置自己的官學。大體上，鄉里的學校叫作庠、序、學與校，相當於現代的小學、中學；列國諸侯的學校叫作泮宮，相當於省屬大學；中央政府所設的學校稱為辟雍，相當於國家直屬的大學。

東周時期出現百家爭鳴的學術現象，儒、道、法、墨、名、兵、農及陰陽等各家學派多由私人辦學來傳承思想，於是大量私學興起。因各學派不同之思想體系，在教學內容、教學方法與教育觀念方面都有創新，於是學校教育脫離了官學的束縛，創造出教育內容多樣化、教育對象平民化的新局面。

到了漢代，漢武帝在董仲舒的建議下，罷黜百家，獨尊儒術，中國教育開始以儒學經典為教授與學習的主要方針。武帝設立太學，將儒家典籍《詩》、《書》、《易》、《禮》、《春秋》列為必修教材，並設五經博士來教授儒家經典。太學對學生的出身不做嚴格要求，通過舉孝廉、征茂才與舉賢良方正等方式選拔人才，並對家境貧寒之平民提供資助。

東漢時期出現了中國第一個專科學校——鴻都門學。此校為

酷愛辭賦書畫的漢靈帝所創立，因校址設於洛陽鴻都門而得名。此校招收平民子弟入學，學習內容以尺牘、小說、辭賦與字畫為主，專修文學藝術的鴻都門學為後代各種專科學校開闢出新的道路。

　　魏晉南北朝時期官學衰落，私學興盛，為選拔人才另立九品官人法。這種重視家族出身勝於個人才學的選拔模式，剝奪了寒門平民的入學途徑，形成「上品無寒門，下品無世族」的不公平現象。一直到隋唐開創科舉考試制度，不分貴賤，唯才是舉，始打破魏晉獨厚門第出身的陋習，為選拔人才提供了新的方式。在科舉考試的配套實施下，中國教育制度終於得以完善發展。

　　古代私塾附設有進行啟蒙教育的蒙館，兒童學習重在識字、寫字以及基本道德常識，教學內容以《三字經》、《百家姓》、《千字文》、《千家詩》、《論語》為主。蒙館的教學方式是由先生領讀，學生跟讀，多採填鴨式，死記硬背；教授寫字則是描紅，由先生用朱墨寫「上大人、孔夫子、化三千、七十士」……等字，學生再用毛筆照著填寫。其次是蒙格，讓兒童用紙蒙著先生正楷寫好的格式影寫。最後才能臨帖，由先生依學生筆性，挑選適合的字帖進行臨摹。

　　在進入正規學校以前，一般會把子弟送到蒙館中讀寫啟蒙打下基礎。但小孩兒頑皮慣了，要他們乖乖坐著唸書，實在不是件容易的事。如果又遇上一位老好教書先生，那學堂裡的情景就可想而

圖 1　明　仇英　村童鬧學圖　上海博物館藏

知了。村童鬧學的有趣場面因此經常被歷代畫家選作繪畫題材。明
代畫家仇英的《村童鬧學圖》（圖 1）描繪茅舍學堂中，教書先生
累了，正伏在講臺上歇息，乖一點的學生在老師示範的朱墨字「上
大人、孔夫子」上練習描紅。頑皮的學生可就坐不住了，有摘先

圖2　清　華嵒　桐屋鬧學圖
故宮博物院藏

生東坡巾的，有偷偷描繪先生畫像的，有披著書卷頭頂茶壺扮起道士的，有躺在桌上蹬著凳子模仿雜技的，有把課本當成帽子調皮扮鬼臉的，簡直是孫猴兒大鬧天宮，無法無天。不過，先生與家長們都有「不打不成器」的默契，所以先生被鬧醒了，將戒尺一拍，保證怕挨打的小傢伙們馬上規規矩矩回到座位上，裝著若無其事的樣子。清代華嵒的《桐屋鬧學圖》（圖2）則描繪梧桐樹下的書舍中，教書先生趴在講臺上呼呼大睡，學童趁機大鬧學堂，有的揮舞著先生的戒尺，有的戴著面具手舞足蹈地玩耍，還有大膽的摘了一朵花準備插在先生頭上。畫面呈現的正是畫家所題「隱几酣然正晝眠，頑童遊戲擅當前」詩句中之情景。學堂也

圖 3　清院本　清明上河圖（局部　學堂）　臺北故宮博物院藏

有設於大馬路邊上的，如清代院畫《清明上河圖》（圖 3）中，路邊學堂外牆上貼一「學」字，課堂內的教書先生手舉戒尺，正在處罰一名學生跪地溫書，窗外一男子背手觀看授課情形，一小童攀於窗沿，另一小童卻向著牆角尿尿，如實呈現出古代學堂的有趣景象。

　　古代私學上課的情形，可由傳宋高宗書、馬和之繪的《孝經圖》之「開宗明義章」（圖 4）中一窺究竟。至聖先師孔子於三十歲時開始收徒講學。相傳孔子聚徒講學之處栽有四棵杏樹，孔子絃歌鼓琴，弟子讀書，因此孔子講學之所被稱為杏壇，後世聚眾講學之所也因此泛稱杏壇。圖中描繪的即是孔子盤坐杏壇講學，學生不分老少，皆跪坐席上，揖手專心聽課的情景。

　　自東周時期開始，私人講學的風氣一直持續，到宋明時期的書院達到私人講學的巔峰。這些書院是當代大儒講學所在，如宋代的「二程」、朱熹，明代的王陽明都曾在不少書院講學，各地慕名而來的士子不計其數。著名的東林書院創建於北宋，是江南一帶的理學重鎮。明末思想家顧憲成重修東林書院，各方文士濟濟一堂，討論經史，評議時政，視天下為己任。顧憲成曾留名句：「風聲、雨聲、讀書聲，聲聲入耳；家事、國事、天下事，事事關心。」我輩讀書人皆應有此胸襟，以此自許才是！

圖4　（傳）　宋　宋高宗書、馬和之繪　孝經圖之開宗明義章
　　　臺北故宮博物院藏

良師桃李
滿天下

　　對人的一生影響最大的一是父母，另一是老師。中國歷史上最有影響力的老師首推孔子。孔子是周代魯國人，他極為博學，詩、書、禮、樂無所不通，在教育人才方面的成就更是無人能及。在中國教育史上，孔子被視為「有教無類，因材施教」的萬世師表典範。不論學生的階級、身家與人品如何，只要是真心向學者，孔子皆兼容并包，傾囊以授。因此孔子成為教育普及與私人講學之先驅。相傳孔子有弟子三千，身兼禮、樂、射、御、書、數六藝通才者即有七十二人。弟子學成後，在列國服務有大貢獻者甚多，大者為師傅卿相，小者友教士大夫，打破貴族壟斷朝政的局面，下開布衣卿相之風氣。

　　孔子不僅誨人不倦，更為匡正社會、勸諫君王行道而周遊

列國，期以力學濟世。晚年，孔子整理古代文獻，著書立說，刪詩書、定禮樂、贊周易、修春秋，門人及再傳弟子將其學說輯成《論語》一書。《禮記》一書中則記述了孔子的思想，如其中的《大學》與《中庸》……等，孔子「學而不思則罔，思而不學則殆」、「溫故而知新」、「君子道者三，我無能焉，仁者不憂，知者不惑，勇者不懼」、「志於道，據於德，依於仁，游於藝」等主張構成中華文化的穩固基石。

　　孔子一生獻身教育，為國家培育許多棟梁之材。為緬懷他在教育上的貢獻，自漢高祖開始，歷代帝王都將祭孔一事視為國之大典。唐太宗尊之為先聖，明世宗更將孔子尊為至聖先師。每年到了孔子誕辰日九月二十八日（或農曆八月二十七日），全球很多地方都會在孔廟中舉行祭孔大典，表達對孔子的景仰與懷念。祭孔時，用牛、羊、豕三牲奉祀，於中庭進行祭孔專屬的八佾樂舞儀式，作為對孔子功德的禮讚。

　　古代祭孔大典並不在孔子誕辰當天舉行，原本四時都固定舉行祭儀，後改為春、秋兩季。此外，學校開學或是皇帝視察學校時，亦行祭孔之禮。古代祭孔儀式須設置編鐘、編磬與樂隊。祭禮的舞蹈稱為佾舞，依規定天子用八佾（六十四人），諸侯用六佾（三十六人），大夫用四佾（十六人），士用二佾（四人）。然因孔子對教育的貢獻，漢代時封之為公，唐時晉

封為王，故後世祭孔時，以諸侯之六佾舞，或以王之八佾舞祭之。後人為表達尊崇，漸多採用八佾舞祭之。八佾舞者手執翟（即雉尾羽毛）與籥（即短笛），隨樂而舞，文官則捧笏躬立兩旁，氣氛莊嚴肅穆。殿內矮几上奉祀著牛、羊、豕三牲，四周陳列尊、彝等禮器（圖1）。

　　至聖先師的舉止容貌於文獻中多有記載，由最親近孔子的弟子們輯成的《論語》中可以粗略瞭解孔子的儀容舉止。《論

圖1　宋　宋高宗書、馬和之繪　女孝經圖之邦君章（祭孔儀典）　臺北故宮博物院藏

語‧學而》中子貢的描述「夫子溫、良、恭、儉、讓」,《論語‧述而》「子溫而厲,威而不猛,恭而安」,可知孔子性格溫和,舉止謙恭。至於其形貌,由《史記‧孔子世家》之描述「生而首上圩頂……孔子長九尺有六寸,人皆謂之『長人』而異之」得知,孔子的頭頂微凹而身量甚高。《荀子‧非相》中謂「仲尼之狀,面如蒙倛」,形容他闊面濃眉,鬚髯豐茂,類似驅鬼的面具。《莊子‧外物》載:「老萊子之弟子……曰:『有人於彼,修上而趨下,末僂而後耳,視若營四海,不知其誰氏之子。』老萊子曰:『是丘也。召而來。』」綜合各家記載可知,孔子身形偉岸,上半身較長,背略駝,豐髯濃眉,雙耳後貼,為人溫和謙恭。

　　有關孔子畫像的紀錄,最早是東漢桓帝時期老子廟壁上所畫《孔子像》以及靈帝時期鴻都門學中所畫孔子及七十二弟子畫像。元代文宗時追封孔子各大弟子公爵之位後,孔子畫像開始加入膚黑與七露的特徵。膚黑疑源自北宋真宗封孔子為玄聖之說。七露源自古籍中的記載:「眼睛露,黑白分明不為露;鼻露竅,山根正不為露;口露齒,唇不褰不為露;耳反輪,貼肉生不為露。」所謂露而不為露,為吉人貴相。《至聖先賢半身像》冊中所繪《孔子像》(圖2)除呈現膚黑與七露二特徵外,其眼睛瞳仁重複點睛,則源自傳說中帝舜重瞳的特徵,依

圖2　至聖先賢半身像冊之孔子像　臺北故宮博物院藏

據春秋著名相士所謂孔子「得舜之目」而繪。

清代道光年間《聖廟祀典圖考》刊有《至聖先師孔子像》版畫（圖3），依古代禮制，諸侯士大夫見天子時須持笏，在天子面前若以手勢輔助說明，則需以笏為之。本幅孔子濃眉豐髯，冠服端整，左手持笏與右手相比畫，口微張露齒，描繪的

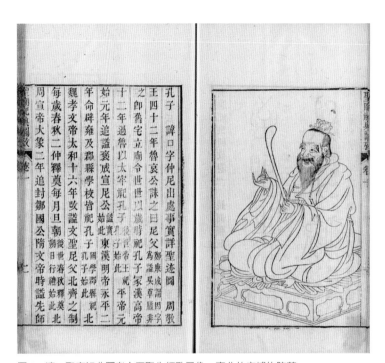

圖3　清　聖廟祀典圖考之至聖先師孔子像　臺北故宮博物院藏

是孔子在廟堂之上為天子陳述政事的景象。畫幅對開記載自周代以來，歷代帝王對孔子的祭祀與追封謚號。

　　孔子之後，中國的大教育家層出不窮，如戰國時期墨子、孟子與荀子，漢代董仲舒，唐代韓愈，宋代胡瑗、「二程」、陸九淵、朱熹，明代王守仁等，培育了無數優秀人才，正是：良師桃李滿天下，春風化雨潤中華！

學優則仕
觀科舉

古代中國常以「仕而優則學，學而優則仕」來鼓勵讀書人勸學上進，已經為官者在工作有成之餘，還是應該不斷學習；而在學者若德業優長並有餘力，則當求取仕進以貢獻國家。

秦代以前，由世襲選士出任政府官員。漢代採用察舉制，由各級地方官員考察推薦德才兼備的人才，最後由皇帝決定任用。魏晉南北朝時期，因世家大族勢力強大，致使政府考核選用人才僅以門第出身為憑，形成「上品無寒門，下品無世族」的現象。為使民間人才不被埋沒，自隋代起正式設立科舉制度，「科」即考試科目，「舉」即選拔，考生不論出身如何，只要學問才華出眾，通過科舉考試即可脫穎而出，達成學而優則仕的目標。科舉初創於隋，唐代逐漸發展成熟，宋代進一步

加以改良，確立了完整的體制，公平性大幅提升。明代科舉考
試專以四書五經命題，應試文章必須仿宋經義，文體則發展成
以嚴格對偶句行文的八股文。清代科舉之八股格式更加煩瑣機
械化，使士人思想受限，學問空疏不切實際，到了清末科舉逐
步衰落。綜觀科舉制度自隋代開始，一直到清光緒三十一年
（1905）廢止，總計持續了一千三百餘年，對中國的政治、社
會與教育有極深遠的影響。

　　科舉考試主要分為三級，第一級鄉試，第二級會試，最高一
級殿試。參加鄉試前，必須先經過童試，取得生員資格（一般也
叫作秀才），然後通過鄉試預選考試後，才能參加科舉第一級考
試——鄉試。鄉試每三年一次，一般在各省城舉行。考場稱為貢
院，意指選拔人才貢獻給國家的地方。中國古代規模最大的科舉
考場是位於南京的江南貢院（圖1、圖2）。鄉試考期在秋天，

圖1　江南貢院老照片　　　　　圖2　江南貢院　攝於中國科舉博物館
　　　攝於中國科舉博物館

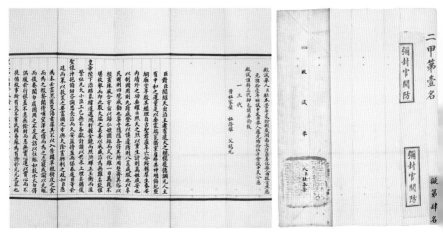

圖 3　清　二甲第一名殿試試卷　北京故宮博物院藏

又稱秋闈，考取者為舉人，第一名為解元。科舉第二級的會試亦
為三年一次，在首都舉行，各省舉人均可參加。考期定於鄉試次
年的三月，故稱春闈，考中者為貢士，第一名為會元。秀才、舉
人與貢士都不是官員，必須經過殿試合格者，才能由朝廷授予官
職。殿試是由皇帝在殿廷上對貢士進行考試，亦稱廷試。殿試試
卷卷面上書有殿試貢士之姓名並鈐蓋禮部官印。交卷後，彌封官
要將卷面對折成筒狀釘固，再以紙糊之將其姓名封藏，並於上下
各加蓋一方「彌封官關防」之印（圖 3）。殿試成績分為三等，
稱為一甲、二甲與三甲。一甲取三人，賜「進士及第」，第一名
狀元，第二名榜眼，第三名探花；二、三甲各取若干名，分別賜

「進士出身」、「同進士出身」。一甲三名立即授官，二、三甲則須再經一次考試才能授官。

隋唐時期的科舉分為明經和進士兩科，明經科主要考試內容一為帖經，即摘錄經書中的句子為題，句中空缺之字詞，由考生填上；另一為墨義，是關於經文的問答。進士科是由考生依考題而作詩賦文章。因明經科考生只需熟讀經書便容易考上，而進士科考生則需要理解經文並發揮創意始能脫穎而出，其難度遠遠大於明經科，考上的人數大概只有明經科的十分之一，故有「三十老明經，五十少進士」之語。宋代文學家歐陽修曾分析道：「東南之俗好文，故進士多而經學少；西北之人尚質，故進士少而經學多。所以科場取士東南多取進士，西北多取經學者。」不同地域的讀書傾向明顯左右了考生的未來發展。

以所學貢獻國家社會，學而優則仕是中國士人學子傳統的理想與目標。自幼啟蒙、入學，經過各種考試進入政府體制，而後得以施展所長，服務桑梓，其間不知投入多少心血，經歷多少辛酸。寒窗苦讀、金殿面試、發榜觀榜等種種考試過程與內容屢屢被寫入文章小說，繪入圖畫之中，供後人緬懷。

清代梁言《觀榜圖》（圖 4）中描繪科舉考試過程中最緊張的時刻，即發榜觀榜。清代發榜時間多在清晨天色尚未大亮的時候，遠道的學子由僕從提著燈籠照路，心急的家眷推窗目送趕去

圖4　清　梁言　觀榜圖（局部）　臺北故宮博物院藏

觀榜的學子。再看看明代仇英的《觀榜圖》（圖5），長長的榜
單下人已漸散，榜上有名的人興沖沖地蹬馬離去；有的人還不死
心，仍抬著頭不停地在榜上尋找；更有不少人滿臉沮喪，由朋友
或僕從攙扶著，頹然而返，顯然已是名落孫山。真是幾家歡樂幾
家愁。不過，有志者事竟成，下回開科取士捲土重來就是。

　　科舉為中國歷代發掘培養了大量人才，一千三百餘年間經由
科舉產生的進士將近十萬，舉人與秀才則數以百萬。宋明以來的

圖5 明 仇英 觀榜圖（局部） 臺北故宮博物院藏

名臣能相之中，進士出身者占絕大多數，正所謂「十年寒窗無人問，一舉成名天下知」。

　　經過千餘年的改革，中國科舉制度成為古代體系最完備的選官制度，雖然考試內容在後期逐漸僵化，但仍為歷代朝廷提供了無數優秀人才。科舉制度公開考試、平等競爭、擇優錄取的原則與規制，被世界許多國家的文官考試制度所借鑑引用，實為中華民族對人類文明的一項偉大貢獻。

蒼毫玉管 四德全

　　現代生活中，用到筆的時候雖然越來越少，但當你想塗塗抹抹或寫個便條時，手邊有支筆就稱手如意許多。現在的筆可真是形形色色，毛筆、鉛筆、鋼筆、圓珠筆、簽字筆……視情況需要，可隨意選用，極為方便。反觀古代中國，在需要用筆時，毛筆幾乎是僅有的選擇，而在毛筆發明之前，石片、竹條、木棍……任何可以畫出痕跡的東西，都可以當作書寫或繪畫的工具。

　　毛筆在中國的歷史悠久，根據新石器時代文化遺址出土陶器（圖 1）上的筆繪水波紋推斷，在距今四五千年前的古代中國，應該已有類似毛筆的工具，才能描繪出如此流暢美麗的線條紋飾。殷商時代的甲骨片上，留有未經鐫刻的殘留朱書或墨書文字，其筆畫圓潤，也類似以毛筆書寫，甲骨文與金文中出現的「聿」字即是以

圖 1　新石器時代　馬家窯文化　陶缽
北京故宮博物院藏

手持末端撮有獸毛的竹管書寫之象形文字，為「筆」之初文。

　　目前能看到最早的中國毛筆實物，是在湖南長沙戰國墓中出土的一管毛筆。該筆之筆桿為竹子製成，筆桿的一端削尖，筆毫是以兔毛圍在筆桿尖端，再以細線纏緊，外面塗漆固定。這和後來將筆毛插於中空筆管中的毛筆不同。戰國時期出土的筆，通常在筆外套有類似筆筒的竹管，管與筆之長度相當，甚至更長，竹管內放一支或數支筆，有的筆筒在中央部位挖兩個相對的長圓形洞，便於取放毛筆。

　　到了秦代，製筆的方法有了突破。相傳是蒙恬加以改良，以中空竹管做筆桿，將筆毛插入毛腔，即竹管孔中。至此，中國毛筆的結構大致定型。蒙恬以柘木為管，以鹿毛為柱，以羊毛為

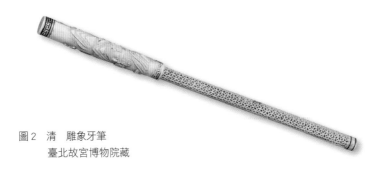

圖2　清　雕象牙筆
　　　臺北故宮博物院藏

被，製成之筆稱為蒼毫。

　　毛筆筆管以竹製最為普遍，到了明、清兩代，製筆工匠為使毛筆具備更為賞心悅目的外表，遂採用金、銀、玉、瓷、象牙、琺瑯甚至雕漆等材料製作筆管，同時，還在筆身上繪刻雕鏤各式紋樣，讓毛筆外觀變得多彩多姿。如清代雕象牙筆（圖2），白色象牙筆管上用錦地鏤空方式雕出古錢紋飾，筆套上下緣染成藍白迴紋，中央以淺浮雕作樓閣漁舟、山水人物，雍容而雅緻。

　　筆毛的材料就不如筆管那麼多變化了。早期毛筆大都用狼毫、兔毫或兩種合為筆毫，也有用鹿毛、鼠鬚、雞毛甚至頭髮來製作。到了宋代末年，開始有羊毫筆出現。一般而言，羊毫較軟，兔毫較硬，狼毫則較富彈性。選用毛筆全依個人習慣，喜歡用軟毫的人通常選羊毫；喜歡筆毫硬些的，則可用狼毫或兔毫；若喜歡不太軟也不太硬，則可採用軟毫與硬毫混合而成的兼毫。

如明代萬曆款黑漆管描金雙龍紋兼毫筆（圖3），黑漆地上以描金法繪雙龍穿花紋飾，雙龍鱗甲則鑲以金銀片，筆管上描金長方框內楷書「大明萬曆年製」，管頂與帽端鑲嵌鎏金銅口，筆毫納有兩種以上之毫，呈葫蘆形狀。

　　通常，以狼毫與雞毛合製之兼毫筆，稱為雞狼毫；若用兔毫加羊毫，則視比例而定名，因兔毫又叫紫毫，所以，十分之七的筆毛為兔毫、十分之三為羊毫之兼毫筆稱為七紫三羊；如十分之一為兔毫，則稱一紫九羊。大多數的筆管上都會標示筆毛的材質與比例，如純羊毫、雞狼毫或七紫三羊等。然不論何種筆毫，好的毛筆必須具備尖、齊、圓、健四個特點。明代書法家豐坊在

圖3　明　萬曆款黑漆管描金雙龍紋兼毫筆
北京故宮博物院藏

《書訣》中強調：「尖齊圓健，筆之四德。尖取毛之鋒，齊擇毛之純，不曲不柹則圓，中有長柱則健。」簡而言之，毛筆四德即筆毫末端聚攏時尖銳鋒利；筆尖潤開壓平後毫尖平齊；毫毛量充足，蓄墨飽滿圓潤；筆腰富彈性，運轉提按自如。如此運筆書寫自能如意，具備四德之毛筆才是真正稱手的佳筆。

明代出現專為書寫榜書大字的抓筆和提筆等大型毛筆。抓筆是毛筆中最大的型號，須以五指抓握，故稱抓筆。提筆又稱斗筆，因筆頭安裝於斗形腔中而得名，如清代「廣譚虞筆」角管斗筆（圖 4），筆管中細下寬，以牛角及象牙段間隔接續而

圖 4　清　廣譚虞筆角管斗筆
　　　臺北故宮博物院藏

成，斗部四周刻「廣譚虞筆」四字，筆毫是長而柔軟的羊毫，非常適合懸肘書寫大字。

　　與毛筆有關的器物另有筆匣、筆格、筆架、筆筒與筆床等，一般多以竹木製作，但也有用紫檀、烏木、陶瓷甚至翡翠等材質精心打造者。筆床是臥置毛筆的器具，如清代紫檀嵌玉筆床（圖5），形如几而足內卷，可臥筆五支，床面嵌白玉俯臥回首螭形。由此溫潤秀雅的筆床，可以想像南朝徐陵形容古代仕女「天情開朗，逸思雕華，妙解文章，尤工詩賦。琉璃硯匣，終日隨身，翡翠筆床，無時離手」之文采風韻。

圖5　清　紫檀嵌玉筆床
　　　臺北故宮博物院藏

花箋色紙
添雅趣

　　中國古代四大發明——造紙術、羅盤、火藥與印刷術對世界
文明發展有著深遠的影響。在這四項大發明中,與日常生活關係
最密切的應該就是紙了。每天生活中幾乎都會看到紙、用到紙:
一早起來盥洗室用衛生紙,到客廳看報紙,上學用課本、筆記
簿,書法課用宣紙,美術課畫圖做紙藝,上街買東西店員用包裝
紙,應酬請帖用漂亮的香水卡紙⋯⋯放眼望去,幾乎隨時會用到
紙。那麼古代中國是在什麼時候出現紙的呢?

　　一般人觀念中都認為紙是東漢蔡倫所發明,這個觀念也許需
要修正。半個多世紀以來,在陝西、新疆、甘肅等西北地區陸續
出土了西漢古紙,證明在東漢以前,中國人已經知道如何造紙,
只是質地比較粗糙罷了。在蔡倫以前,中國紙是用麻繩頭和麻筋

等舊纖維加工而成。蔡倫總結以往的造紙經驗，開始改進紙的製造原料、方法與技術。他改用樹皮造紙，將樹皮經過剝皮、浸泡、蒸煮等工序製成纖維，再用這種新的纖維原料製成紙。新法製造的紙品質比以往精細許多，於是，大家就將這種新法製成的紙稱為蔡侯紙。自此以後，中國紙的製造技術日趨成熟。

東漢以後，造紙的原料益趨多元化，麻、竹、藤、樹皮甚至麥稈、稻草與海草均可用來造紙，製法則大致相同。到了隋唐時期，造紙術已經非常成熟，隨著商旅與文化交流，造紙術逐漸傳播到世界各地。

明末《天工開物》一書整理了明中葉以前中國古代的各項技術，其中記載了古法製紙的五個主要步驟：斬竹漂塘、煮徨足火、蕩料入簾、覆簾壓紙和透火焙乾。先將砍下的竹子截成段，放入水中漂浸百日後，再捶去粗殼與青皮，取得竹纖維；後將碎料煮爛，使纖維分散後煮成紙漿；待紙漿冷卻，用竹簾將紙漿抄起，成為紙膜；將紙膜一張張覆疊於木板，再於木板上置重石，壓出水分，壓緊紙膜；最後將壓至半乾的紙膜敷於牆上，以火烘乾後揭下，一張張紙即製作完成。

紙不一定是白色的，為了防止蟲蛀或日久腐朽，古紙會加上藥物染色，例如用黃蘗汁染過的紙呈黃色，可以保存很久，故有「紙壽千年」的說法。也有將紙染成不同顏色者，如唐代的五色

　　粉蠟箋，不但染上各種顏色，還加印上暗花，十分賞心悅目。文人雅士甚至親自參與箋紙的設計與製作，如唐代才女薛濤在成都以浣花溪水、木芙蓉皮、芙蓉花汁製成紅色彩箋，稱為浣花箋。詩人李商隱有詩贊曰：「浣花箋紙桃花色，好好題詩詠玉鉤。」

　　五代時期徽州黟縣所產貢紙，極受南唐後主李煜喜愛，將之存放於澄心堂，故名為澄心堂紙，其紙質地細薄光潤，平滑緊密，然此紙僅供宮中御用，偶爾頒賜群臣，外間極少得見。直到南唐滅亡後，於南唐內庫中發現此紙，世人才得以知曉。北宋詩人梅堯臣於詩中提及澄心堂紙：「城破猶存數千幅，致入本朝誰

圖 1　宋　蔡襄　澄心堂紙帖　臺北故宮博物院藏

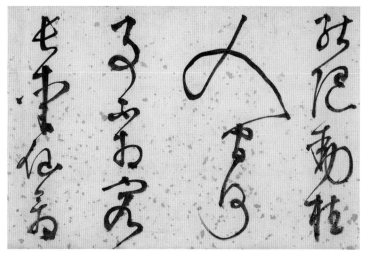

圖2　明　李東陽　自書詩帖（局部）　臺北故宮博物院藏

謂奇。漫堆閒屋任塵土，七十年來人不知。」並贊此紙：「滑如
春冰密如繭，把玩驚喜心徘徊。」到了北宋時期，澄心堂紙漸為
世人看重，成為珍貴難求的名紙。北宋大書家蔡襄曾託人搜尋澄
心堂紙，並高價請工匠依樣製作百幅，見蔡襄書《澄心堂紙帖》
（圖1）：「澄心堂紙一幅，闊狹厚薄堅實皆類此乃佳。工者不
願為，又恐不能為之。試與厚直莫得之，見其楮細，似可作也。
便人只求百幅。癸卯重陽日，襄書。」

　　源於唐代金花紙，後來發展為灑金箋與灑銀箋，是在五色粉
蠟箋上用膠施以金銀細粉或金銀箔，使蠟箋呈現金銀光澤。如明
代宰相兼文壇領袖李東陽的《自書詩帖》（圖2），箋上不規則
的灑金箔與抑揚頓挫的草書筆畫相得益彰，也使得濃淡枯潤的墨

色更為古淡清幽。

　　宋代的文人們對於紙張的使用極為講究，如文人常用的砑花箋紙，是先經染色再砑花而成的高級書法用紙。砑花是利用雕版在紙上壓出凹凸紋飾，形成暗花之紙箋。據文獻記載，砑花箋可溯至五代，但傳世之砑花箋紙則以北宋為最早。砑花箋紙又稱砑光小本，北宋書畫家陶穀曾謂：「砑紙板乃沉香，刻山水、林木、折枝花果、獅鳳、蟲魚、壽星、八仙、鐘鼎文，幅幅不同，文鏤奇細，號砑光小本。」砑花板的材質為沉香

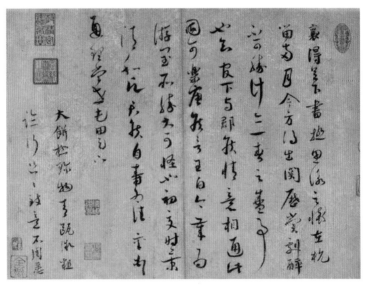

圖3　宋　蔡襄　思詠帖（蝴蝶紋樣砑花箋）　臺北故宮博物院藏

木，砑花箋的花紋圖案包羅萬象，瓜瓞、燕雀、魚龍甚至鐘鼎文，全依文人喜好而制，如宋代四大書家之一的蔡襄用蝴蝶紋樣砑花箋書《思詠帖》（圖3），花箋上飾有對飛的圓形蝴蝶紋樣，蝴蝶紋外加飾一圈珍珠紋。此類蝴蝶紋飾也出現在宋代瓷器與服飾上，有吉祥寓意的成對圓形蝴蝶與行雲流水般的書法相互

圖4　宋　蘇軾
致至孝廷平郭君尺牘
（局部　龜甲紋砑花箋）
臺北故宮博物院藏

輝映。大文豪蘇軾的《致至孝廷平郭君尺牘》（圖4）則是用滿佈規矩整齊龜甲紋的砑花箋，每個六角形圖案中皆臥有一隻小烏龜。該尺牘的收信人郭廷平正處於守喪期間，由於古代龜形墓誌銘上亦飾有龜甲紋，所以，蘇軾特地選用龜甲紋砑花箋書寫以符合禮節。此外還有模仿紡織品花紋設計的砑花箋，如宋徽宗《池塘秋晚》（圖5），採用織品中常見的卷草紋圖案佈滿整張紙，紋飾上塗有雲母狀發光物質，印壓出類似織品的橫斜紋路。這幅卷草羅紋砑花箋是宋代紙箋製作的優秀代表。砑花箋紙多為書寫用，作畫則相當罕見，此卷於卷草羅紋砑花箋上描繪花鳥，花箋與花鳥畫相互呼應，顯得分外優雅。

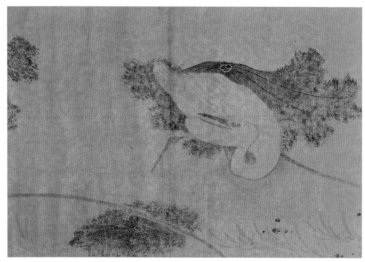

圖 5　宋　趙佶　池塘秋晚（局部　卷草羅紋砑花箋）　臺北故宮博物院藏

現代造紙工藝發達，紙箋花樣繁多，空閒時不妨找些喜歡的花箋寫寫畫畫，調劑一下忙碌的步調，讓生活多一些雅趣！

墨丸入硯
細無聲

　　書聖王羲之曾經說過，書寫繪畫時，紙張像是陣地，毛筆像是刀槍，墨像是兵甲，硯臺像是城池，而書畫創作者的想法與心意就像是統攝全局的將軍。這樣的比喻不僅說明了紙、筆、墨、硯的功能，更呈現出中國古代文人寫字作畫的鮮活生命力。對於中國古代文人而言，筆、墨、紙、硯是書房中必備之物，像珍寶般不可或缺，所以自南北朝時期開始，這四件文書工具即被稱為文房四寶。

　　大約在新石器時代，中國人就已經知道用墨色來作美術裝飾，譬如陶器上的花紋與甲骨文上的文字即是。當時所用者可能是天然石墨一類與墨相近的碳化合物。真正以人工製造而成的墨出現於周代，有一位名喚邢夷的人將松炭搗碎成灰，再和以粥飯

之類物質，搓為墨塊，製出中國最早的人工墨。到了漢代，政府已有專門管理紙、墨、筆的人員，當時官員每人每月可領到大、小墨各一枚，可見漢代的墨已能大量生產。這時候的墨是松煙墨，用燃燒松木而得之煙灰製成，墨的單位為丸或枚。河北望都一處東漢墓室中的壁畫上，描繪 ‧「主計史」跪坐於榻，榻前置一圓硯，硯上立一橢圓形墨，漢代官員使用的墨丸清楚呈現眼前。

魏晉時期發明用膠配製的墨，膠能讓碳分子結合，使墨能永遠附著於紙上。墨中加的膠多以鹿角、牛皮或魚膠製成。到了唐代，製墨技術更加進步，會於墨中加上辰砂以提高墨的濃度；加石榴皮或膽礬以防腐並增加光澤的持久性；加麝香、樟腦與薄荷等香料用以去除動物膠的氣味。

由漢至隋唐時期，陝西、河北、山西等地之松林大都用來燒煙製墨。唐末五代戰亂頻仍，北方優質松木資源幾已消耗殆盡。唐末製墨大師奚超由河北遷居安徽，歙州一帶群山環繞，盛產上品松木。奚超父子就地取材，製成豐肌膩理、光澤如漆的奚墨，被南唐後主李煜視為珍寶。從此，古徽州逐漸成為新的製墨中心。

宋代開始了油煙墨的製作，油煙墨是用燃燒桐油集得之煙灰製成。此時製墨名工輩出，墨的品質精良，墨磨完不留滓，墨香持久不衰，甚至有人因墨中含有麝香、珍珠粉等藥料，而把墨汁喝下肚來養生。明清時期之墨造型多變，方、圓、長、弧各種形

狀應有盡有。除了墨上雕有各樣圖案外，墨的顏色也多加變化，除傳統的黑墨之外，更產出紅、橙、黃、綠、藍、白、褐……等十餘色墨。彩墨在清代發展至巔峰，其中有集錦彩墨一類，墨色絢麗，造型變化多端，輔之以精美包裝，成為清宮御製墨代表。清宮御製彩墨選料相當精細，據內務府《墨作則例》記載，製作朱墨之材料需要硃砂一斤、廣膠六兩、冰片三錢、飛金十張、棉子一錢、白布二尺、炭十斤、煤五十斤。如此製成的朱墨卻僅得十九錠，每錠重五錢三分，可見成本之昂貴。乾隆皇帝喜好集錦彩墨，留下不少精彩的套裝集錦彩墨，例如清代乾隆帝月令七十二候詩集錦彩墨（圖 1），總計七十二枚墨錠，每錠對應一個物

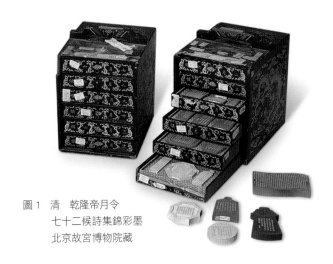

圖 1　清　乾隆帝月令
　　　七十二候詩集錦彩墨
　　　北京故宮博物院藏

圖2　明　蓬島仙壺歙硯
　　　臺北故宮博物院藏

候，形狀大小各不相同。一面為乾隆帝御製詩，一面為物候圖畫。
每月之墨按五行賦色：正、二月屬木，為綠色；四、五月屬火，為
紅色；七、八月屬金，為白色；十、十一月屬水，為藍色；三、
六、九、十二月屬土，為黃色。每月六枚裝為一屜，六屜裝為一
匣。如此細緻精巧、琳瑯滿目的集錦彩墨，真是讓人愛不釋手！

　　硯臺，根據記載於黃帝時已出現，但現存最早的硯臺則是在
秦代遺址中發現的。自古以來，硯臺的材料主要是石頭，但並非
一般尋常的石頭都可做成硯臺，能作為硯臺之石材必須容易磨墨
及發墨才行。歷來著名的硯石如廣東端硯、安徽歙硯與甘肅洮河
硯均具此特性。端溪石以深紫色為主，石質細膩溫潤，極易發
墨；歙石以灰黑色為主，石質堅潤，石之紋理豐富美觀（圖2）；
洮河石以碧綠色為主，溫潤如玉。然洮河石藏於大河深水之底，

採集困難，較端硯、歙硯更為難得。另有在黃河沿岸以澄泥之法所製之陶硯，稱為澄泥硯（圖3），使用經過澄洗的細泥作為原料，再加工燒製而成，因此其質地細膩，並具有貯水不涸、歷寒不冰、滋潤勝水、發墨不損毫等特點，因此與端硯、歙硯、洮河硯並列為中國四大名硯。此外，產於長白山區江河之畔的松花石以綠色為主，石質堅潤，自明代開始製為硯石，至清代已成為御用之品，其刷絲紋理極為清雅優美，故常立裁其石製成佳硯（圖4）。

　　宋代大文豪蘇軾曾謂：「硯之美，止於滑而發墨，其他皆餘事也。」好的硯臺最重要的條件是易磨且發墨，南宋愛國詩人陸游深明此理，因而有詩云：「香縷映窗凝不散，墨丸入硯細無聲。」

圖3　清　青銅鐘式嵌澄泥硯
　　　臺北故宮博物院藏

圖4　清　山水紋松花石硯
　　　臺北故宮博物院藏

篆刻金石
方寸美

　　中國的印章是書法與雕刻結合而成的藝術，私人印章為個人身分信用的代表，政府機關的璽印則代表官職、權力與法令的公信力。

　　印章起源於原始社會中的實用記號，用記號來標誌物品的歸屬權，其後人際交往漸增，私有制社會逐漸形成，印章的功能遂延伸為相互取信的憑證。中國最早的印章實物是出土於河南安陽的三方商代銅印，印文近似甲骨文和金文，如亞禽銅印（圖1）可能是某部族的族徽，但當時不叫印章，而稱為鈢。商代鈢印大都很小，尺寸不一定，印材以銅為主，也有以陶土或玉石等材料製成者。

　　秦始皇帝統一天下後，隨著度量衡制度之建立，印章也開始

有了一套規定。天子之印章稱為璽，印材為玉。其餘人士所用則
只能稱為印或章，不得用玉，大多為銅鑄；平民百姓所用稱為私
印。以後各朝代皆遵循秦代所建立之印章制度。早期的銅鑄官印
如東漢程柱國印（圖 2），印背上伏有一龜，稱為龜紐。紐是為
便於持拿而設計，除龜紐外，也有做成各種姿態的其他獸紐。此
印紐之龜甲起伏明顯，龜背線紋細密。印面正方，印文為篆書，
自印面右上方起逆讀印文為「程柱國印」四字，佈局結字方整穩
妥。以陰刻法將筆畫刻為凹入印面之線條，鈐蓋時印泥沾不到筆
畫內，故蓋出之印文，地紅字白，稱為白文印。如果印文是陽

圖 1　商　亞禽銅印
　　　臺北故宮博物院藏

圖 2　東漢　程柱國印（龜紐）
　　　臺北故宮博物院藏

圖3　清　雍正御筆之寶　壽山石朱文印
北京故宮博物院藏

刻，即是將文字以外的印面鑿低，使筆畫凸出，如此鈐蓋的印文
是白地紅字，即稱朱文印（圖3）。

　　在紙張發明以前，書寫文書或信件多用竹木簡牘。信件寫好
後，用一木板遮住文字內容蓋於簡牘上，此木板稱為檢，類似於
現在的信封。檢上書寫收件人姓名地址，稱為署。再用繩索將簡
牘與檢一起捆綁打結，稱為緘。為了保密並防止非收件者拆封，
檢之上除了刻有便於捆繩的深溝外，另鑿一方孔，孔內塞入繩結
並用泥塊封緊，再以印章鈐壓泥上以為憑信，這種鈐有印文的泥
塊稱為封泥。在兩晉時期以前，印章多為陰刻的白文印，因為白
文印壓在泥塊上，印章凹入的筆畫就變成凸起的文字，非常容易

圖4　西漢　軑侯家丞銅印與封泥
　　　湖南博物院藏

辨識，例如馬王堆西漢墓葬出土的軑侯家丞銅印與封泥（圖4）
即為範例。封泥的使用時期自戰國以至漢魏，兩晉之後紙張盛
行，逐漸取代簡牘，封泥也隨之銷聲匿跡。

　　到了唐代，印章又有新的發展，除了作為憑信外，印章的鐫
刻與造型開始創意更新，朝著藝術欣賞方向變化。於是，印章如
同書法繪畫一般，成為中國一門獨特的藝術形式，刻印開始講究
印材的選擇、印文的內容與筆畫之佈局。

　　元代開始流行用石材刻印，各式各樣溫潤如玉的美麗石材被
用來製作印章，印章的外貌因而變得多彩多姿，黃、紅、綠、
灰⋯⋯各色美不勝收，文人更依石材的顏色命名，如芙蓉黃、艾

葉綠、瑪瑙紅、雞血、田黃和水晶凍……等雅名。印文內容除了
鐫刻官銜與姓名外，凡以齋名、別號，乃至詩文成語入印者，皆
稱為閒章。文人雅士常於詩文書畫上鈐蓋閒章，藉以抒發心情、
展現胸襟。如清代乾隆皇帝御用的乾隆玉石閒章套印（圖5），
十六方印裝於木匣內，計有碧玉虎紐「寶親王寶」、「長春居
士」連珠文印，白玉螭紐「掬水月在手」長方印，紫晶螭紐「樂
善堂」橢圓印，青金石「大塊假我以文章」方印與紅瑪瑙螭紐
「半榻琴書」方印……等閒章。此為弘曆被雍正封為寶親王後所

圖5　清　乾隆玉石閒章套印
　　　北京故宮博物院藏

刻之套印，是不同色澤與材質的玉石，鐫刻齋名、成語及詩文之成套印章，為雍容之皇室風格增添斯文秀雅之氣。

　　總體而言，宋代以前的印章以實用為主；宋元以後，文人雅士為表現個人獨有的審美情趣，開始自行設計，甚至親自鐫刻印章鈐蓋於書畫、信札及圖書之上，印章自此由實用轉化為集書法、繪畫、雕刻與印材於一體的藝術形式，明代以後更發展出各種篆刻藝術之流派。

　　印章雖僅方寸大小，但在小小印面之上，名家們運用篆、隸、草、行、楷不同書體治印，將印文之刀法、筆畫與佈局加以變化，呈現出風格各異的印文面貌。方寸之間，不僅展現技藝、發揮創意，更能抒發情感，讓中國治印這門金石篆刻藝術散發出獨特的魅力與光芒。

第六章

樂

山水之樂
得於心

　　中國人遊山玩水是懷著尋幽訪勝的心情，去欣賞大自然的美景，享受遠離塵囂的快樂。在中國古代士人的心目中，山水不僅僅是眼中所見之美景，更代表了一種人生態度。早在春秋時代，儒家即從自然山水之欣賞，引申到理想人格的讚美。孔子提出「仁者樂山，智者樂水」的觀念，認為智者與仁者的品德情操和自然山水的特徵及規律性相近，因而產生樂水樂山之情。道家崇尚見素抱朴，法天貴真，故莊子有「樸素而天下莫能與之爭美」之語，認為人工斧鑿的廟堂城市無法與山水林木的天工自然相媲美。到了魏晉南北朝時期，以自然山水風貌為主要描寫對象的山水詩出現，東晉到南朝宋時期的詩人謝靈運首開風氣之先，以山水景物入詩，仰觀俯察，鋪敘詳盡，以景啟情，如《登池上樓》

詩：「池塘生春草，園柳變鳴禽。祁祁傷豳歌，萋萋感楚吟。索
居易永久，離群難處心。持操豈獨古，無悶徵在今。」詩人由庭
園池塘中繁生之春草，柳枝上剛遷徙來的鳥兒鳴叫，想到令人傷
悲感慨的豳詩楚吟，離群索居的隱居生活雖然難挨，但歸隱的隱
士可以做到不為世俗易其志。謝靈運以景寫情，以生趣盎然的江
南春景襯托內心的抑鬱，將山水景物與感情際遇結合，開創出韻
味獨特的中國山水詩。再如謝朓「風搖草色，月照松光。春秋非
我，晚夜何長」，陶淵明「采菊東籬下，悠然見南山。山氣日夕
佳，飛鳥相與還。此中有真意，欲辯已忘言」，以及王維「空山
不見人，但聞人語響。返景入深林，復照青苔上」。晉唐與後繼
之山水田園詩作中，情景交融，由山水自然情趣悟得逍遙自足之
樂與素樸無言之美。

　　山水詩中的幽獨情懷與靜寂氛圍在繪畫中逐漸得以體現。中
國山水畫歷經南北朝與隋唐時期之發展，逐漸成為中國傳統繪畫
的主流。在「道法自然」、「外師造化，中得心源」等繪畫思想
的引領下，中國山水畫不只限於畫面重現自然，更進一步呈現山
水形象與畫家內在精神意趣之交融。在明代吳門畫派畫家沈周的
《策杖圖》（圖 1）中，一人戴笠著屐拄杖踽踽獨行，雖然獨行
無伴，但安居於恬靜泉石之間，一路吟詩徐行，卻是怡然自得。
畫上簡淡的水墨山水人物呼應了沈周的自題詩：「山靜似太古，

圖1　明　沈周　策杖圖　臺北故宮博物院藏

圖2　宋　馬遠　松間吟月圖　臺北故宮博物院藏

人情亦淡如。逍遙遺世慮，泉石是安居。雲白媚崖容，風清筠木
虛。笠屐不限我，所適隨丘墟。獨行固無伴，微吟韻徐徐。」

　　宋代大儒朱熹尤愛山水，自述「每經行處，聞有佳山水，
雖迂途數十里，必往游焉。攜樽酒，一古銀杯，大幾容半升，
時引一杯，登覽竟日，未嘗厭倦」。正如宋代畫家馬遠《松間

圖3　宋　馬麟　靜聽松風圖　臺北故宮博物院藏

吟月圖》（圖 2）中之文士，攜樽酒銀杯，登覽竟日後，於空山松下坐觀明月，心中或許暗誦唐代詩仙李白《把酒問月》名句：「今人不見古時月，今月曾經照古人。古人今人若流水，共看明月皆如此。」撫古思今，神思飛奔。

古人放意林泉，流連山水，不僅眼中美景無限，耳中也充滿種種自然音符。宋代畫家馬麟在《靜聽松風圖》（圖 3）中，將大自然的樂聲表現得淋漓盡致。文士斜倚松幹，雙眼半合，側耳靜聽松風，潺潺流水叮咚有聲，微風吹過樹梢，藤蔓、鬢鬚與飄帶隨風飄揚，藤蔓相互拍擊，引得松枝沙沙作響，陣陣松濤傳入耳中，不需用眼觀看，僅是閉目聆聽，就已美不勝收，讓人完全陶醉於自然樂聲之中。

北宋大文學家蘇軾被貶謫至湖北黃岡後，曾於深秋暢遊赤壁，寫下了膾炙人口的《前赤壁賦》，其中幾句話特別發人深省：「且夫天地之間，物各有主，苟非吾之所有，雖一毫而莫取。惟江上之清風與山間之明月，耳得之而為聲，目遇之而成色，取之無禁，用之不竭，是造物者之無盡藏也！」金代武元直之《赤壁圖》（圖 4）即描繪東坡先生游赤壁面對壯闊山川時，感謝造物者賜予的大自然無盡寶藏，因而有「取之無禁，用之不竭」之慨。古人面對大自然美景，是用眼去看，用耳去聽，細細欣賞領略，山水之樂得之於心，而非將花樹佳石取走據為己有，

圖4　金　武元直　赤壁圖（局部）　臺北故宮博物院藏

　　唯有如此，大自然的寶藏才能享用不盡，永不枯竭。古人對大自然美景所懷抱的無私胸襟，是現代人學習效仿的榜樣。

　　有詩曰：「仁者樂山山如畫，智者樂水水無涯。從從容容一杯酒，平平淡淡一杯茶。細雨朦朧小石橋，春風蕩漾小竹筏。夜無明月花獨舞，腹有詩書氣自華。」徜徉於如畫的山水中，不僅可以體悟到花獨舞、氣自華的淡定從容，更能啟迪豁達泰然的人生觀，有仁心有智慧才能真正享受山水之樂。人類應將大自然當成好友，如果毫不珍惜，隨手破壞污染，就是傷害了好朋友，美麗的大自然將毀之於無形，優游山水之樂亦將永不復返！

鳳管瑤琴
樂悠揚

　　提起中國古代音樂，就會想起絲竹悠揚的國樂、中樂或民樂，這些音樂是經過幾千年的演變而成，樂器多、樂音複雜，有時婉轉動人，有時慷慨激昂，與西方交響樂有著截然不同的韻味。

　　中國現存最早的樂器是在河南出土的，距今約九千年前的賈湖骨笛。出土的二十五支笛子上，各開有五至八孔不等，是全世界年代最早、保存最完整且能演奏的樂器。距今約七千年前，中國各地區已開始出現骨哨與原始陶塤等樂器。在遠古音樂文化中，音樂和歌舞相結合而成為氏族圖騰崇拜的原始樂舞，之後有了伏羲與神農作琴瑟、黃帝製笙竽等傳說。到了唐堯虞舜時期，設置了專門管理音樂與教育的官員。那個時代不但有樂曲創作，還發展出用金、石、絲、竹、匏、土、革、木等材料製作之八音

圖 1　戰國　宴樂漁獵攻戰紋壺　北京故宮博物院藏

樂器。

　　夏商時期，樂舞逐漸脫離了原始的圖騰崇拜，轉為對人的頌歌。商代崇信鬼神，出現專司祭祀求神問卜的巫（即女巫）與覡（即男巫），在祭祀儀式中舞蹈歌唱，巫覡可以說是最早的音樂職人。

　　到了周代，為維持社會秩序並鞏固王朝統治而制定了禮樂制度，嚴格規定社會各階級所用的音樂。周公制禮作樂是當時治國要事，除了建立比較專業的音樂機構外，政府還實施全民音樂教育。當時的樂器中，最具代表性的是鼓、編鐘與編磬。由出土的周代樂器和器物上的描繪，大致可以推測三代的音樂風格簡樸、

莊嚴而肅穆。由戰國時期宴樂漁獵攻戰紋壺上的紋飾可一窺當時的宴樂場面（圖 1）。銅壺上腹部左面為宴飲與奏樂的場面，上排為宴飲畫面，七人立於亭樹上，以勺打酒飲酒，樹欄下有二圓鼎，二奴僕正從事炊事操作；宴飲之下排為奏樂場面，懸掛鐘磬的簨簴下，三人敲鐘，一人擊磬，旁立建鼓和錞于，一人持二桴（鼓槌），敲擊著鼓與錞于，中央一人吹奏著類似號角之樂器。雄渾的鐘聲、清越的磬聲加上鼓錞相和的節奏，生動地呈現出當時諸侯王廷宴樂演奏的情景。

　　秦漢時期繼承了周代收集民歌以觀察風俗民情的采風制度，由樂工蒐集整理各地民歌並進行演奏，演唱的歌詞被稱為樂府。樂器中的古琴技巧漸趨成熟，魏晉時期大量文人琴家如嵇康與阮籍等相繼出現，留給後世膾炙人口的《廣陵散》與《酒狂》……等古琴名曲。

　　漢代通西域後，西域羌胡等外族音樂傳入中原。到了隋唐時期，天竺、龜茲、西涼和高麗等地之音樂與樂器盛行，胡樂隨處可聞。隋文帝統一天下後，社會安定，經濟繁榮，促成南北、胡漢、雅俗、宗教與世俗各種音樂大融合的蓬勃景象。文帝非常重視音樂，將當時盛行之各族音樂制定為七部樂；至隋煬帝時，再擴增為九部樂，即清樂（漢族傳統音樂）、西涼樂（甘肅西部音樂）、龜茲樂（新疆庫車音樂）、天竺樂（印度

音樂）、康國樂（撒馬爾罕音樂）、疏勒樂（新疆喀什音樂）、安國樂（烏茲別克布哈拉音樂）、高麗樂（高句麗音樂）與禮畢曲（南朝樂府歌舞音樂）；唐太宗時再加上高昌樂（新疆吐魯番音樂），成為十部樂。

　　唐玄宗時期將胡樂與傳統漢族音樂混合編寫為歌謠舞蹈，完成歌、舞、樂三位一體的新形式，中國音樂發展至此達到巔峰。當時宮廷的音樂稱為燕樂，由坐部伎與立部伎組成，加入舞者即為宮廷樂舞團。由唐代樂舞俑（圖2）可以瞭解當時宮廷樂舞的情況，此組樂舞俑共八人，樂俑六人，三坐三立。坐部伎三人一

圖2　唐　樂舞俑　北京故宮博物院藏

圖 3　唐　唐人宮樂圖（局部　橫抱琵琶）　臺北故宮博物院藏

持腰鼓，一持鈸，中間一人之樂器已失落；立部伎三人分別持曲頸琵琶、排簫和笙；舞俑二人頭微側，做翩翩起舞之姿，雙臂上舉下伸，腿微曲，足側伸，姿態婀娜。如配上唐代詩人白居易《琵琶行》「大弦嘈嘈如急雨，小弦切切如私語。嘈嘈切切錯雜彈，大珠小珠落玉盤」詩句，精彩的燕樂舞蹈宛如在耳邊眼前。

　　中國有五十多個民族，每個民族都有自己獨特風格的音樂與樂器，有充滿活力的鼓吹與打擊樂器，有秀麗委婉的彈撥與拉絃樂器，有輕快悠揚的管樂器，其中彈撥樂器琵琶是南北朝時期由西域傳入中原的。到了唐代，琵琶已風靡全國，在當時的宮廷雅樂與民間民樂中，琵琶都是不可或缺的領奏樂器。而琵琶的演奏

圖4　明　仇英　漢宮春曉圖（局部　豎抱琵琶）　臺北故宮博物院藏

姿勢與技巧逐漸變化，從最初橫抱琵琶用撥子撥弦（圖3），逐漸發展為豎抱琵琶以指彈奏（圖4），演奏的場域也由最初的馬上之樂轉變為雅俗共賞的廳堂之樂。到了宋代，豎抱指彈琵琶之奏法確立，遂一直沿用至今。琵琶彈奏姿勢、技巧與場所的演變是文化交流與融合的例證。

宋元以後的音樂受到戲曲與說唱藝術影響，戲曲音樂大為流行，出現專為百戲、雜劇或歌舞戲伴奏的樂團，稱為雜技樂。樂器有笙、簫、笛、鼓、琵琶、排簫、拍板與細腰鼓等。明清時期說唱音樂開始多元發展，如南方的彈詞與北方的鼓詞，配合明清以後地方戲曲的發展，絲絃樂器快速崛起，成為中國民族樂器中的主要旋律樂器。

中國音樂的發展由商、周、秦、漢時期的傳統鐘鼓宴樂，至魏晉、隋、唐時期融合外來音樂趨於國際化的十部樂，到宋、元、明、清隨著戲文詩詞發展之戲曲說唱音樂，音樂逐漸伴隨著文學而演變，講究人文情懷、寫意與虛實意境，正如白居易《琵琶行》中「弦弦掩抑聲聲思，似訴平生不得志。低眉信手續續彈，說盡心中無限事」。在詩句與音符間馳騁想像的中國音樂，讓人悠然神往！

雜技百戲
娛賓客

　　古代中國人的生活中，觀賞雜技百戲是主要的娛樂活動之一，除了專業演出場所外，一般中上家庭的宴會中，也常出現雜技百戲表演以娛樂賓客。

　　在遠古時代的中國，人們在採集、漁獵和戰鬥中，培養出奔走、跳躍、投擲和搏鬥等技能。工作之餘，這些技能逐漸轉化為娛樂形式的雜技。雜是指多樣，技指技藝，雜技就是各種各樣的技藝，如綜合摔跤、擒拿和拳術搏鬥的角抵，丟擲球、刀、劍的弄丸和飛劍，比力氣與巧勁的舉鼎和舞輪，攀緣登高的緣竿和疊案等。

　　到了漢代，雜技發展已多元化，成為非常受歡迎的娛樂項目，不僅王公貴族爭相欣賞，民間大街小巷也都有這些表演。於

是，綜合各種雜技與歌舞、競技、武術、幻術以及滑稽表演等的演出活動就統稱為百戲。據記載，漢武帝時期，曾在長安未央宮舉辦盛大的百戲表演，京城周圍三百里內的民眾皆來觀賞。由此可知，百戲在漢代風靡朝野的盛況。

　　在留存的文物中，我們發現大量的百戲繪畫、磚雕、石刻與陶塑，其中相當具代表性的即是西漢墓中出土的彩繪雜技樂舞陶俑（圖1）。在長形陶盤上，二十一位彩繪陶俑正在表演與觀賞雜技百戲：中央七名為表演者，後方七人為樂隊，兩側共七名觀賞者。四名男性藝人頭戴尖頂褐色小帽，身穿緊身短衣

圖1　西漢　彩繪雜技樂舞陶俑　濟南市博物館藏

圖2　西漢　彩繪雜技樂舞陶俑（倒立）　濟南市博物館藏

正在演出雜技，前二人雙手撐地，舉足倒立；後二人，一人向
後彎腰，另一人雙腿反弓過肩，胸部著地，雙手扶腳，類似現
代雜技高難度的柔術動作叼花（圖 2）。雜技表演者旁有二位頭
綰垂髻的年輕女子，身著一紅一白長袖花衫，正揮舞長袖翩翩
地跳著漢代流行的長袖舞。表演者後方一排伴奏的樂隊，或坐
或立，正在演奏著笙、鼓、瑟、編磬等樂器。一男士身穿窄袖
朱色長袍，立於表演隊伍前面，似乎在大聲誦詠或是引吭高
歌，生動地呈現出西漢宴飲的熱鬧場景。

　　漢代百戲中經常出現的有疊案、上竿、舞輪、飛劍、跳丸、
倒立與長袖舞等表演。疊案源自中亞地區，是將多張桌子疊在一
起，表演者爬到最頂端的桌子上表演各種雜技。漢代文物中有四

桌、六桌乃至十二桌相疊表演者。上竿又稱尋橦，是在直竿上架一橫木成丁字形，藝人於橫木兩端表演倒掛翻滾等動作。直竿有時會置於馬車上，或是由另一表演者以肩膀或額頭頂著表演。這種在行進間的動態表演，十分驚險。舞輪是用雙手來回地將車輪凌空拋出，表演者不僅要有過人的臂力，更須展現靈活的手法與變化多端的姿勢。技藝超群的舞輪者可以立於踏鼓上將車輪拋於空中耍弄。飛劍則需動作穩而準，如稍一疏忽，則後果堪虞。跳丸又稱弄丸，是兩手連續拋接丸鈴。春秋戰國時期有善弄九丸者，將八丸拋空中，一丸在手。最高紀錄是跳十二丸者，其技藝之高超可以想見。長袖舞曾風行於戰國時期楚國宮廷，漢代承襲裊裊長袖，細腰欲折的楚舞成為樂舞中最流行的舞蹈。相傳漢高祖劉邦的戚夫人善「翹袖折腰之舞」，即當時流行的長袖舞。漢代文物中的長袖舞形象豐富多彩，袖式繁多，長袖或飛揚，或捲繞，或垂拂，或翹起，舞姿各異，有溫柔婉約之姿，也有雄健昂揚之態。除揮舞長袖外，也有手持長巾舞動者，由「振飛縠以舞長袖，裊細腰以務抑揚」、「振朱屣於盤樽，奮長袖之颯纚」等詩句可以想像長袖舞千變萬化的風貌。長袖舞在中國流傳的時間極長，直到今日仍活躍於舞臺，如凌空飄逸、婉轉曲折的綵帶舞，其前身即戰國以來流行的長袖舞。

　　在文獻記載與文物中，還可見到吞刀、吐火、履索、沖狹

（鑽刀圈）與馬術等諸多項目。東漢張衡《西京賦》中描述「烏獲扛鼎，都盧尋橦。沖狹燕濯，胸突銛鋒。跳丸劍之揮霍，走索上而相逢」，「巨獸百尋是為蔓延……含利颶颶化為仙車」，「吞刀吐火，雲霧杳冥」，漢代雜技百戲的熱鬧盛況如在眼前。

　　南北朝時期，發展出結合俳優、民間樂舞和雜技的散樂百戲。唐代開始設置教坊，負責管理宮廷中雅樂以外的音樂、舞蹈、百戲的教習、演出等事務。到了宋代每逢節日會舉行歌舞百戲盛會，不過百戲中的民間雜技逐漸分化為個別表演，如清院本《清明上河圖》中開封大街上的走索繩賣藝者（圖 3），身著藍

圖 3　清院本　清明上河圖（局部　走索藝人）　臺北故宮博物院藏

圖4　清院本　清明上河圖（局部　耍鐃鈸藝人）　臺北故宮博物院藏

衫的女藝人手持平衡桿緩步於繩索上，繩下數十人仰首觀望，觀
眾緊張的表情益發凸顯出賣藝者的從容不迫，正所謂「藝高人膽
大」。更有耍弄鐃鈸的藝人（圖4），只見他將兩片鐃鈸輪流擲
於空中，一片已下降，另一片則躍於樹頂之上，圍觀的群眾莫不
翹首以盼鐃鈸墜落，而空中二鈸上之紅帶飄飄，煞是好看。到了
明清時期，在廳堂宴客之雜技娛樂益發簡化，如明代畫家戴進在

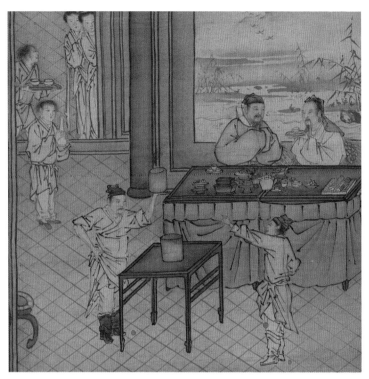

圖 5　明　戴進　太平樂事冊之戲耍　臺北故宮博物院藏

《太平樂事》冊中之描繪（圖 5），兩名大漢正在進行耍大缸的表演，但主人卻是殷勤勸酒，客人拱手回禮，似乎對大漢的賣力演出沒太注意，漢代以來宴會中樂舞雜技以娛賓客的熱鬧盛況已不復見。

　　雜技百戲盛行於漢代，到宋元以後，隨著戲曲的興起，百戲逐漸沒落，那種熱鬧驚險、百戲雜陳的宴樂景象，目前只能在文物或馬戲團的表演中回味了！

雜劇南戲
育京崑

　　中國戲曲可以說是世界上獨一無二的一種表演藝術，它綜合了音樂、舞蹈、雜技、武術、美術與文學等元素，運用音樂化的對話與舞蹈化的動作搬演故事，形成集唱、念、做、打於一體，獨具一格的戲劇形式。

　　中國戲曲的起源可遠溯至原始社會時期的歌舞。到了先秦時期，出現了以口才機敏便捷、善於模仿且詼諧滑稽的優伶，以表演來侍奉王公貴族。漢代宴會中出現以歌舞、雜技、武術與魔術等娛樂賓客的百戲以及由角抵競技衍化為故事性戲劇表演的角抵戲。南北朝時期發展出歌舞與表演相結合的歌舞戲以及類似滑稽表演的參軍戲。唐代將參軍戲、歌舞戲與通俗說唱形式的俗講、變文逐漸熔為一爐，演出劇情漸趨複雜，角色增

多並加上科白。

　宋代出現了專業娛樂場所，稱為瓦舍與勾欄，舉凡曲藝、歌舞、說唱、講史、武術、滑稽戲、影戲、傀儡戲等表演應有盡有，尤其是在勾欄中演出的說唱諸宮調，由於音樂格律嚴謹、故事情節生動、敘述兼代言，逐漸發展出中國戲曲之前身宋雜劇與金院本。到

圖1　宋　佚名　雜劇　眼藥酸圖冊頁　北京故宮博物院藏

了南宋與元代，中國戲曲最早的成熟形式——宋元南戲終於出現。

　　中國戲曲的淵源可大分為二：一是俳優，二是歌舞百戲。俳優以詼諧嘲弄逗人笑樂為主，歌舞百戲則以歌唱、舞蹈與雜技等為主。宋代糅合俳優與歌舞百戲而發展出宋雜劇，演出通常有兩位主要演員，演出形式先由說唱雜耍上場，最後表演正戲。宋代一般用「酸」來諷刺迂腐儒生，所以，宋雜劇中有不少劇目帶有酸字，稱為酸本。劇情多是嘲弄迂腐窮酸的讀書人，如「別離酸」、「還魂酸」、「哭貧酸」、「急慢酸」和「眼藥酸」等。如雜劇《眼藥酸》（圖1）中的兩個角色，左方一人頭戴極為誇張的高儒巾，身穿長袍，前後掛滿繪有眼睛的幌子，像是改行當江湖眼科郎中的失意儒生，他正在兜售手中的眼藥；右方一人穿著市井打扮的短搭，左手執杖負於肩上，右手臂上飾有刺青，右手指著眼睛，正在訴說病情，腰後插一扇，上書「諢」字，表明雜劇人物角色。由逗趣的裝束與表情可以想像兩位演員在舞臺上裝傻充愣、貧嘴嚼舌，就為博觀眾一笑。

　　另一齣雜劇《打花鼓》（圖2）由兩位女演員演出，左邊一位頭戴雜劇人之頭巾，稱為諢裹，另有斗笠與纏繩棍置於地上，表明其身分為鄉下村民；右邊一位頭戴雜劇人常戴的簪花幞頭，腰後插一扇，上書「末色」二字，點明其角色行當。身側置一架單皮鼓，鼓面上置鼓箭與拍板。兩人做男式合手作揖之禮。劇情

圖2　宋　佚名　雜劇　打花鼓圖冊頁　北京故宮博物院藏

或許是鄉下人進城而鬧出的種種笑話，這種題材到了元代仍極受
歡迎。元雜劇《莊家不識勾欄》敘述的就是莊稼漢初次進城看戲
的有趣場面。雜劇發展至南宋，題材內容愈加豐富多樣，如歷史
傳說、神怪故事、愛情故事、世俗故事等，雖已有較為完整的故
事情節，但大多仍呈現譏諷調笑與插科打諢的表演風格。

　　宋元時期出現專門為瓦舍勾欄編寫戲曲話本的組織，稱為書
會，不少文人也加入劇本編寫行列，以詞曲與里巷歌謠配合。到

了元代，專業編寫劇本蔚為風氣，成功孕育出元雜劇。元雜劇除了滑稽詼諧的內容外，更搬演許多刻畫社會人情、民間疾苦的故事，極受觀眾喜愛，戲劇作家、劇作與演員輩出。在留存至今的戲臺和演員畫像中充分反映出元雜劇普及的現象。例如山西洪洞縣水神廟壁畫所描繪者，即當時著名的忠都秀劇團在酬謝水神降雨戲演出結束後的情景。畫幅上方懸一橫額，上書「大行散樂忠都秀在此作場」。散樂原指周代民間樂舞，南北朝時期成為百戲的同義語，宋元以後則指民間藝人或專業民間劇團。壁畫中橫幅之意為太行山地區雜劇藝人忠都秀在這裡演出。舞臺後方懸有帷幕，上繪雲龍與揮劍壯士，大約是周處除三害的故事。幕前站立十名謝幕的男女演員（圖 3），前排為主要演員：中央紅袍官生是領銜主演的著名女演員忠都秀，兩旁有畫花臉的、戴髯口的和俊扮的男演員，他們的服飾裝扮與現在的戲曲相去不遠；後排則是配角演員與執拍板、執擊杖與吹笛的樂隊人員，帷幕左方還有一女子正掀幕往外窺視。

　　南宋時期，在浙江溫州地區出現一種在雜劇中加上地方歌謠小曲、聲腔溫婉抒情的民間戲曲，稱為南戲。演出形式較雜劇自由許多，生、旦、淨、末、丑等角色行當已發展成熟。到了明清時期，諸多地區各自發展出具有其地方特色的戲曲。明代中葉，江蘇崑山一帶流行的崑腔經過文人改良成為崑曲。由於唱腔婉轉、

圖3　元　山西洪洞縣水神廟壁畫
大行散樂忠都秀在此作場（演員謝幕）

唱詞典雅，崑曲漸漸風行於大江南北，至清代康熙、乾隆年間到
達巔峰。在康熙皇帝六十大壽時，承應祝壽演出者皆為民間戲
班，所唱基本為崑腔和弋陽腔。清代中葉，各種地方戲曲劇種日
益繁盛，如以唱二黃調為主的徽劇和以唱西皮調為主的漢劇。乾
隆晚期揚州三慶徽班進京，道光年間漢調進京，於是湖北西皮調
與安徽二黃調合流而成皮黃戲。慈禧太后喜愛皮黃戲，皮黃戲因
而大行其道。清代晚期，如意館奉旨製作宮廷戲劇人物畫與舞臺

演出的場面圖，如《清人戲出畫》冊之《皮黃戲空城計》（圖4），色彩鮮豔，人物生動，如實呈現出當時皮黃戲演出的情景。到了晚清時期，集徽調、楚調、崑曲、秦腔、梆子、京腔之大成的京戲脫穎而出。由於劇本選材多元，表演通俗易懂，深受觀眾歡迎，京戲於是取代崑曲成為流行全國的劇種。

　　在現代忙碌的生活中，安排休閒娛樂活動時，不妨走進劇場，在悠揚樂聲與鑼鼓伴奏中，欣賞粉墨登場的演員表演英雄好漢、才子佳人的故事，愉快地享受一下中國戲曲之樂！

圖4　清　戲出畫冊　皮黃戲空城計　北京故宮博物院藏

曲躬蹴鞠
態輕遒

　　每當世界盃足球賽開打時，全世界都為之瘋狂。看球員們使出渾身解數，不管射門、傳球、截球還是阻擋，都讓人興奮激動不已。殊不知這個有趣的運動最早來自中國，國際足球聯合會已經公開認證，世界上最早的足球運動起源於中國戰國時代的齊國臨淄。

　　古代中國將踢足球稱為蹴鞠、蹴圓、蹴球或蹋鞠。戰國時期齊國生活富足，百姓們喜好玩音樂、下棋、鬥雞、賽狗和踢球。《戰國策》記載：「臨淄甚富而實，其民無不吹竽鼓瑟，擊築彈琴，鬥雞走犬，六博蹹鞠。」這是世界上最早記錄人類踢球的史料。基於前述記載，山東臨淄被國際足球聯合會正式認證為足球的起源地。「蹹鞠」的「蹹」同踏，「鞠」同球，因早期的足球是

以皮革為外囊，內填毛髮，所以，古代的球稱為鞠、球或是毛丸。

到了漢代，蹴鞠逐漸由民間傳入宮廷。相傳漢高祖劉邦之父劉太公遷居長安後，因無法參與民間鬥雞與蹴鞠等娛樂活動而悶悶不樂。劉邦於是下令模仿老家豐縣之風貌，另建新豐城，衢巷棟宇物色如舊，讓太上皇可以隨時和遷居到新豐的老豐縣居民蹴鞠鬥雞，一起玩樂，蹴鞠也因此從民間娛樂轉為宮廷娛樂。再後來，蹴鞠逐漸發展為比賽及軍事訓練項目，也可作為表演節目。

蹴鞠傳入宮廷之後，開始有了固定的場地且發展出規模較大的比賽，於是成為一項和劍術相提並論的職業。擅長蹴鞠者稱為鞠客，極受貴族歡寵，例如三國時期的曹操，在南征北戰時，仍不忘帶著一位鞠客隨行。蹴鞠不僅可以用來訓練士兵，還可以滿足軍隊行伍的休閒娛樂需求。又如西漢名將霍去病，少年時迷於街頭蹴鞠，日後雖出征塞外，仍掘地為鞠室（球門），率領兵士進行蹴鞠比賽，因此博得「蹴鞠將軍」之稱號。漢武帝亦曾網羅眾多鞠客，閒暇時於宮中舉行雞鞠會，進行鬥雞和蹴鞠等比賽活動，可見足球在漢代的流行盛況。

漢代的足球場叫作鞠城。漢人撰述的《鞠城銘》中詳細記載了漢代官方蹴鞠比賽的球、球員、球場、球門的數量與形制規格，比賽規則中更註明「不以親疏，不有阿私」，要求裁判遵行比賽規則，不能偏袒任何一方；「端心平意，莫怨其非」，要求

運動員要心思端正，心平氣和，即使輸球也不埋怨和指責別人；「鞠政猶然，況乎執機」，更進一步指出，足球運動都能依照這樣的道德標準，更何況政府執政！

蹴鞠本為民間娛樂，到了漢代，除了發展為競賽與軍事訓練項目外，也逐漸演變為皇室貴族樂舞百戲中的娛樂節目。漢代刻石中有許多百戲中的蹴鞠場面，表演者男女皆有，以特技方式做踢球表演，再配上音樂增加娛樂效果。百戲中的蹴鞠表演者有的穿著適於運動的窄袖窄褲，一邊敲打建鼓，一邊蹴鞠，在咚咚鼓聲中，或騰空躍起扭腰回身踢球，或倒立頂球跪行驅球，動作利落矯捷。也有著長袖長裙的女子，一面跳著長袖舞，一面在樂師們的伴奏樂聲中起腳踢球，長袖飛舞，姿態曼妙婀娜。

到了唐代，蹴鞠發展開始邁向高峰，主要原因是唐人將以往內填毛髮的實心鞠改為空心，以空氣代替實物填充，故稱為氣球或輕球。經過改良的氣球彈跳力度增加。為適應越踢越高的球，球門開始由掘地而成的鞠室或小球門，演變為立柱式的高球門。變得輕巧富彈性的氣球讓球員們鑽研出更多變化繁複的技巧，創造出多種新式踢法。唐代蹴鞠不需要像漢代那般強調體能，轉為重視技術與表演性，蹴鞠因此變得更為優雅，受到文人雅士與女性的青睞。於是，唐代的蹴鞠成為受歡迎的大眾休閒活動。唐代百姓每年於寒食清明時節赴郊外祭祖游春，經常順便進行盪鞦韆

圖1　宋　張敦禮　閒庭蹴鞠圖（局部）　臺北故宮博物院藏

或踢足球等休閒活動以舒展身體。唐人詩句中有許多描述寒食清明蹴鞠的情景，如王維《寒食城東即事》：「蹴鞠屢過飛鳥上，鞦韆競出垂楊裡。少年分日作遨遊，不用清明兼上巳。」男女老少春日蹴鞠的畫面躍然紙上。宋人《閒庭蹴鞠圖》（圖1）中就描繪了簪花佩玉戴著金鎖片的女子正以右足勾球，在庭園中大戰數名男子的場景。

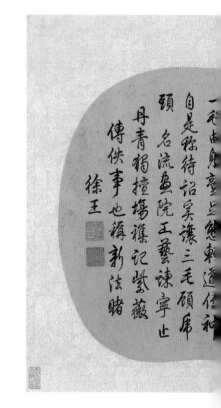

　　宋代開國君臣大都出身軍旅，故多偏愛以體能見長的娛樂活動。例如傳為宋代畫家蘇漢臣的《鞠場叢戲圖》（圖2），描繪六人踢球的情景。其中正在踢球者即宋太祖趙匡胤，他微微彎著腰，正聚精會神地舉足踢球，對面大臣撩袍防守，其餘四臣專注觀球。對幅乾隆皇帝題「眾目叢場注一球，曲躬蹴足態輕遒」，以詩句形容畫中蹴鞠的生動情景。宋代蹴鞠的玩法花樣很多，大致可以分為球門和白打兩類。球門是設有固定球門正式的團體踢法；白打則不需設置球門，不受場地限制，一人或數人均可玩。因為白打踢法自由，更能表現技術且花樣甚多，所以在宋代極為流行。《鞠場叢戲圖》中宋太祖和臣子蹴鞠的玩法就是白打。

　　宋代商業繁榮，各個行業大都組織會社以維護自身權益，蹴鞠愛好者與職業蹴鞠藝人曾組成蹴鞠社團，名為圓社，又稱為齊

雲社。圓字來自球，同時寓意球友、藝人與民眾關係圓融；齊雲
則意味著社員的前途與球技都能步上青雲。《水滸傳》中謂：「京
師人口順，不叫高二，卻都叫他做高毬。後來發跡，便將氣毬那
字去了毛傍，添作立人，便改作姓高名俅。」這高俅便是齊雲社

圖2　（傳）宋　蘇漢臣　鞠場叢戲圖　臺北故宮博物院藏

的一員，靠著高超球技而發跡，後被皇帝提拔為殿前都指揮使。

到了元代，蹴鞠傳到了歐洲。在明代，官吏和王公貴族沉迷於蹴鞠，明太祖朱元璋曾下令禁止軍人蹴鞠，但從明代商喜的《明宣宗行樂圖》（圖 3）中可知，蹴鞠仍是當時流行的娛樂活動之一。

明清時期蹴鞠已變成紈褲子弟的娛樂活動，逐漸不登大雅之堂，如小說《金瓶梅》中謂：「王孫爭看小欄下，蹴鞠齊雲；仕女相攜高樓上，嬌嬈炫色。」到了清初，順治皇帝嚴禁軍人踢球，加上其他球類運動的流行，蹴鞠運動慢慢走向衰落。

圖 3　明　商喜　明宣宗行樂圖（局部　蹴鞠）　北京故宮博物院藏

擊鞠捶丸
樂趣多

古代中國的球類運動主要為蹴鞠、擊鞠和捶丸。蹴鞠即足球，發源於戰國時期齊國的臨淄；擊鞠即馬球，漢代已出現，相傳由波斯傳入中國；捶丸近似高爾夫球，是由擊鞠演變而來，出現於宋代。

擊鞠亦稱打球或擊球，是騎馬以杖擊球的一種運動。擊鞠一詞最早出現於曹植詩句「連翩擊鞠壤，巧捷惟萬端」，可知在漢末時期擊鞠運動已經出現。近年在江蘇睢寧附近出土六塊東漢擊鞠系列浮雕畫像磚，描繪了當時擊鞠比賽之馬球手奮力揮杆擊球，馬匹全力奔跑的情景。球手姿態各不相同，手執偃月形球杖，高舉在頭頂激烈地爭奪擊球。馬兒四蹄騰空，睜大眼睛緊盯小球毫不放鬆。從球員騎馬上回身擊球和立馬上由背

後擊球等高難度動作可知，東漢時期的擊鞠運動已相當成熟。

到了魏晉南北朝時期，騎馬的風氣極為普遍，擊鞠越發流行。唐代的皇帝們自李淵開始，就非常喜歡擊鞠，上行下效，貴族們跟著熱衷於擊鞠比賽。由於帝王與貴族的喜愛，擊鞠運動迅速推廣至民間，甚至婦女也都參與比賽。唐玄宗自幼酷愛擊鞠運動，球技高超，據記載，他能策馬持杖於空中運球，「連擊至數百，而馬馳不止，迅若流電」。在一場唐與吐蕃合辦的擊鞠友誼賽中，玄宗親自參加並率隊贏得勝利。清代畫家丁觀鵬在《明皇擊鞠圖》（圖 1）中生動地描繪了唐明皇與番族、嬪妃及太監等十餘人擊鞠競賽的場面。明皇身著褲裝騎服奔馳於球場中央，全神貫注地與妃嬪臣子爭相擊球。明皇身手

圖 1　清　丁觀鵬　明皇擊鞠圖（局部）　臺北故宮博物院藏

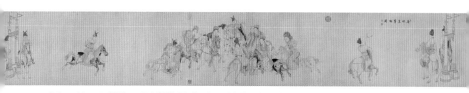

圖2　清　丁觀鵬　明皇擊鞠圖（局部　雙球門）　臺北故宮博物院藏

矯健，彎腰執杖，鎖定目標，儼然勝利在望。唐代擊鞠比賽，
有單球門和雙球門兩種玩法，明皇此局比賽為雙球門（圖2），
球場兩端各置丈高球門一座，球門以二木柱加上橫樑構成，各
由兩名球員把守（圖3）。與賽者分兩隊，騎馬各持球杖追擊一
球，最先打入球門之球稱為頭籌，勝負以打入對方球門之球數
多寡而定。

圖3　清　丁觀鵬　明皇擊鞠圖（局部　守門員）　臺北故宮博物院藏

　　唐代擊鞠的球具非常講究，擊球之杖由木或籐製成，稱為鞠杖，因末端如半弦月，又稱月杖。杖上雕刻各式花紋，甚至漆金銀為裝飾；球為拳頭大小之圓球，以質輕而富於彈性的木材挖空或是用牛角製成，球面常漆色雕花。球衣多為錦袍窄袖，球靴為長筒皮靴。如唐章懷太子墓中所繪壁畫（圖4），畫中馬球手身著球衣，足蹬黑靴，頭戴幞巾，左手執馬韁，右手執月杖，驅馬奔馳搶球，左側球手作反身擊球狀，姿態矯健。唐代詩文中有不少關於擊鞠的精彩描述，如大文學家韓愈有詩

圖4　唐　章懷太子墓壁畫（局部　打馬球）　陝西歷史博物館藏
　　　攝於「盛世壁藏──唐代壁畫文化特展」

云：「分曹決勝約前定，百馬攢蹄近相映。球驚杖奮合且離，紅牛纓紱黃金羈。側身轉臂著馬腹，霹靂應手神珠馳。」唐代擊鞠比賽緊張驚險的奪球場面呼之欲出。

唐代以後，歷經宋、遼、金、元、明等朝代，擊鞠活動仍然十分風行；直到清代初期，因為政權尚未鞏固，清廷曾頒佈禁馬令，嚴禁民間馬匹飼養與交易，擊鞠運動因此逐漸式微；到了清代中葉，曾經盛極一時的擊鞠就徹底退出中國的競技舞臺。

捶丸是由擊鞠演變而來的運動，保留了擊鞠比賽的規則與球具，但以徒步代替騎馬，執杖擊球入門計勝負，故又稱步打。有關步打的記載，最早見於唐代王建的《宮詞》：「殿前鋪設兩邊樓，寒食宮人步打球。一半走來爭跪拜，上棚先謝得頭籌。」描寫寒食日宮人在宮殿前比賽步打球，球賽中天子駕臨，宮人爭相跪拜，最後拔得頭籌者上棚謝恩。

宋代在步打球的基礎上，將立於地上的球門改為地面下的球窩，發展出類似現代高爾夫球的捶丸，捶是打，丸是球。現存最早的捶丸圖像是山東泰安出土的宋代岱廟石刻《童子捶丸圖》，一小童分腿而立，右手執球，左手執月杖上舉。河北鉅鹿也有描繪宋代童子捶丸圖的陶枕出土，可見早在宋代，捶丸已十分盛行，連兒童也能揮杆玩耍。

捶丸興起於宋，到了元代已發展成熟，最早完整記錄捶丸

的書籍《丸經》即出版於元代。書中敘述捶丸的發展史，詳述
捶丸活動的場地、器具、競賽規則、擊法與戰術，是瞭解元代
捶丸的重要著作。《丸經》中記載「宋徽宗、金章宗，皆愛捶
丸，盛以錦囊，擊以彩棒，碾玉綴頂，飾金緣邊，深求古人之
遺制，而益致其精也」。可知宋徽宗不僅愛玩捶丸，還在專用
球杖上鑲金配玉，並用錦囊盛裝球杖，裝備極為講究。

　　由於捶丸不需騎馬，裝備經費大減，宋代以後逐漸發展成
為平民化的運動。山西洪洞縣水神廟的元代捶丸圖壁畫中，描
繪青山流水旁，兩位身著朱袍的男士正在進行捶丸之戲，一人

圖5　明　商喜　明宣宗行樂圖（局部　捶丸）　北京故宮博物院藏

握球杖側蹲於球穴旁，一人彎腰扶膝俯視，兩人都專心看著滾向球窩的球，元代民間捶丸活動鮮活地呈現眼前。

明代捶丸已不似前朝普及，但仍是明代士大夫之間風行的休閒娛樂活動。明宮廷畫家商喜所繪《明宣宗行樂圖》長卷中，記錄了當時的宮廷生活，分別呈現射箭、蹴鞠、擊鞠、捶丸、投壺以及皇帝起駕回宮等場景。捶丸場地上有五個球窩，窩旁插有藍或紅色旗幟（圖5），宣宗左右手各執一杖，大約是在考慮用哪支球杖較為合適。捶丸的場地、旗、球穴與球杖等，皆和《丸經》所載吻合。在同一卷中的蹴鞠部分，皇帝只是旁觀眾人踢球，而在捶丸部分，宣宗就親自下場執杖參加，可見宣宗皇帝的捶丸應是打得不錯的。

經過宋、金、元、明的繁榮之後，捶丸在清代逐漸衰落，變成婦女兒童間的簡單遊戲，終至銷聲匿跡，空留文物供人憑弔。

胡漢融合開盛世

　　古代中國認為華夏人群居於中央之國，是文明的中心，中心以外為未開化的野蠻地區，因此稱四方外族為東夷、南蠻、西戎與北狄，對北方及西域各民族則統稱為胡人。

　　早在戰國時期，中原漢族已與胡人有了接觸，趙國武靈王學習匈奴的胡服騎射，使趙國成為秦國以外較為強大的國家。而僻處西陲的秦國則變法改制，結合華夏文明、西戎與中亞文明後，經濟軍事突飛猛進，終於結束戰國分裂割據局面，一統中國。到了漢武帝時期，霍去病越千里大漠，大敗匈奴；張騫通西域，開闢絲綢之路。於是西域臣服，胡人陸續前來中國，並引進許多新奇的西方事物。這些事物多冠以胡字，如胡桃、胡瓜、胡麻、胡椒、胡服、胡床、胡笛、胡琴與胡旋舞……等。魏晉南北朝至隋

　　唐時期，胡人來華者日益繁多，一方面因晉代五胡亂華時期，匈奴、鮮卑、氐、羌、羯等胡族已經占據華北地區長達兩百餘年；另一方面亦因擁有胡人血統的唐代皇室對胡人採取寬容開放的態度，中原地區胡風日盛，胡漢文化相互融合，造就了隋唐盛世。然而，宋代為了避免唐末以來藩鎮割據之亂象重演，遂制定重文輕武政策，導致宋代軍力積弱，頻遭胡虜強鄰壓境，排斥敵視外來民族之心日重，夷夏之防的觀念日深，一直延續到清代。

　　綜觀胡人在中國的情況，當以南北朝與唐代最有可觀之處，尤其是中國歷史上最開放包容的唐代，因政局穩定，經濟繁榮，國力富強，太宗貞觀與玄宗開元時期，外邦陸續歸附，開創了四海咸服、萬國來朝的大唐盛世。通商行旅不絕的絲路以及頻繁與外國之交流，將首都長安打造成一個多元開放的國際都市，不同膚色種族的人熙來攘往於長安街道。唐代把稱臣納貢的周邊外族稱為諸蕃，除了西方諸部族，西南方帝那伏帝、真臘、林邑與東方高麗、倭等七十餘國皆臣服於大唐，諸蕃來朝進貢的奇珍異寶更是不勝枚舉。如傳為唐代畫家閻立本的《職貢圖》（圖1）描繪了唐太宗時期南洋諸國前來朝貢進奉各式珍奇物品的景象。使臣身穿白袍，騎著高頭大馬，隨從們手捧珊瑚，肩扛象牙，抬箱頂罐，運送孔雀扇、奇石、香料、鸚鵡和花斑羊等充滿異國情調的貢品，令人目不暇接。使臣隊伍形象各異，姿態不一，高鼻深

圖1 唐 閻立本 職貢圖（局部） 臺北故宮博物院藏

目、穿耳附璫、膚色黝黑，或大袍裹身，或赤膊袒胸僅圍短裙，正如宋蘇東坡《閻立本職貢圖》詩中形容：「貞觀之德來萬邦，浩如滄海吞河江，音容偻㺃服奇彪。橫絕嶺海逾濤瀧，珍禽瑰產爭牽扛，名王解辮卻蓋幢。」詩與畫均呈現出萬國來朝的恢宏氣象。

唐代有關胡人的詩文不少，例如白居易《西涼伎》中形容胡人舞者容貌為「紫髯深目兩胡兒」，岑參詩作《胡笳歌送顏真卿使赴河隴》：「君不聞胡笳聲最悲？紫髯綠眼胡人吹。吹之一曲猶未了，愁殺樓蘭征戍兒」，李賀《龍夜吟》：「捲髮胡兒眼睛綠」，以及杜甫《黃河二首》：「鐵馬長鳴不知數，胡人高鼻動成群」。留存的唐墓陪葬品中有許多胡人俑，如三彩胡人騎駝俑

（圖2）之高鼻深目捲髮紫髯的騎駝者，即常見的唐代胡人形象。

　　來華的胡人以商人居多，次則為僧侶，其他大都是樂舞雜技人才或充當奴僕雜役者。唐代流行胡樂胡舞，胡樂主要有西涼樂、高昌樂、龜茲樂和天竺樂等，舞蹈則有龜茲舞、胡旋舞、柘枝舞和琵琶舞等。玄宗開元時，西域諸國均遣使獻「胡旋女」，當時的長安出現許多胡人開設的酒肆，其中來自西域的胡女，被稱為胡姬。胡姬多從事音樂與歌舞表演，胡旋舞則必須在特製的波斯毯上才能進行連續快速旋轉。胡旋舞有一人獨舞、兩人對

圖2　唐　三彩胡人騎駝俑
　　　北京故宮博物院藏

舞，或多人群舞，且男女皆能跳。如唐玄宗時期宦官蘇思勖的墓葬壁畫（圖3）就描繪了宴會中表演胡旋舞的場景。一名深目高鼻虯髯的胡人，頭戴尖頂番帽，身著圓領長衫，足蹬錦製軟靴，在波斯方毯上旋轉起舞，舞姿矯健輕捷。兩旁樂隊手持笛、簫、笙、鐃、琵琶、箜篌、古琴、排簫與拍板等樂器伴奏，左右各立一人，舉臂引吭高歌，生動地呈現出唐代宴會胡旋舞的表演實況。

自魏晉南北朝開始，在漢族的律令、組織、文教與學術等基礎上注入北方胡人的戰鬥武力與制度，中原漢族與北方胡人日益融合，形成胡漢合作的新局面，孕育了隋唐盛世。唐太宗擊敗突厥成為亞洲宗主，號稱「天可汗」（圖4）。太宗認為自己之所

圖3　唐　蘇思勖墓葬壁畫（局部　胡旋舞）　陝西歷史博物館藏
　　　攝於「盛世壁藏——唐代壁畫文化特展」

圖4　唐　唐太宗立像
　　　臺北故宮博物院藏

以能讓夷狄聽命，除了與歷代聖王一樣勤政愛民、任用賢能、選
拔人才並善待群臣百姓外，最重要的是能視夷夏為一家，對被征
服之異族包容照顧，使之心悅誠服，甘願為其子民。之後的清朝
統治者出身女真，入主中原後也與蒙、藏各族維持和善親切的關
係。胡漢融合所展現的力量使唐代與清代成為中國歷史上兩個疆
域廣大的盛世王朝。

第七章

習俗節慶

半兩五銖
通寶錢

中國是世界上最早使用貨幣的國家之一。在原始社會時期，交易是以物易物的形態，舉凡糧食、皮帛、牲畜、珠玉與海貝等皆可作為交易媒介，其中海貝較少，因不易獲得且美觀、易於攜帶，逐漸發展為中國最早的貨幣——「貝幣」，「貝」字也因此成為與錢財或價值相關之字的偏旁或部首，如貨、財、貿、貸、貧、賒與購等。

現存最早的貝幣見於夏代墓葬中，商周時期貝幣更為普遍。除了天然海貝外，還有仿製的骨貝與石貝。到了商代中後期，隨著商品交易規模擴大，海貝數量相對不足，仿製的銅貝幣開始出現。

西周成王時期出現圓錢，是一種仿璧、瑗與環等玉器鑄造的圓邊圓孔貨幣，西周晚期之後，金屬鑄幣廣泛流通，於是貝

幣逐漸被淘汰。春秋戰國時期，周王室式微，列國各自為政，除周王室的圜錢外，列國依其文化條件與資源，由農具或工具演變出不同造型的貨幣，如中原三晉的布幣（圖1）是從青銅農具中狀似鋤鏟的鎛演變而來；燕、趙、齊國的刀幣則是依照作為工具的刀鑄造；楚國另根據貝幣的形狀改鑄蟻鼻錢；秦國則仍依周制鑄圜錢。到了秦惠王時期，將圜錢的圓邊圓孔改為圓邊方孔。秦統一天下後，不僅統一度量衡，同時也推行車同軌、書同文、錢同幣與幣同形，廢除六國幣制，將貨幣統一為黃金和銅錢兩種。黃金為「上幣」，以鎰為單位；銅錢為「下

圖1　戰國　「晉陽」聳肩尖足布
中國錢幣博物館藏

幣」，以十二銖為半兩。銅錢之重量如其上所鑄文字，在幣面上以李斯篆書「半兩」二字鑄文，稱為「半兩錢」（圖2）。自秦半兩開始，中國錢幣便以圓形方孔為定製，此後歷代沿用直至清末，後世遂以其形狀將錢稱為「孔方兄」。

漢承秦制，沿用秦半兩並開放民間自鑄，但錢的重量與名稱逐漸名實不符。漢武帝開始大力整頓，下令廢除所有貨幣，將鑄幣權收歸中央，錢幣一律由中央政府負責鑄造，稱為五銖錢。五銖錢採用標準的金屬材料、尺寸和重量，方孔兩側鑄「五」「銖」二字，錢幣邊緣加鑄凸起輪廓，以保護錢身之文字圖案。漢武帝設立專門造幣機構，以規範五銖錢幣的品質，令輕重與面值適於使用，因此迅速取代秦半兩的地位而流通全國，漢代幣制因此空前穩固。漢武帝此舉奠下由中央政府鑄幣的金融傳統基

圖2　秦　半兩錢
　　中國錢幣博物館藏

圖3　唐　開元通寶
　　中國錢幣博物館藏

礎。五銖錢也因輕重適宜，製作精美，在之後的朝代相繼累鑄，一直沿用到唐初，前後流通七百餘年，成為中國歷史上數量最多、流通時間最久的錢幣。

唐高祖取天下以後，廢除五銖錢，改鑄開元通寶（圖 3）。開元並非年號，意為開闢新紀元的流通寶貨，影響所及，以後各朝代之錢幣多稱通寶、元寶或重寶，並冠以當時的年號，如永樂通寶、康熙通寶與乾隆通寶等。開元通寶承襲秦半兩與漢代五銖錢的形狀，但改用新的重量單位，以十進制的錢兩取代秦漢以來以重量為錢文，二十四銖為一兩的銖兩制。在唐代十枚開元通寶即為一兩。開元通寶的材質有銅、銀和鎏金等，其錢幣形制、錢文模式與十進制衡法，自唐代開始沿襲長達一千三百年之久，直至二十世紀初期，民國通寶成為中國流通貨幣中最後的方孔圓錢。唐開元通寶之影響也跨海達到鄰近的日本、朝鮮、越南以及中亞等地。

宋代貨幣初期以銅錢為主，白銀亦開始流通，後為了交易方便，開始了紙鈔的發行。北宋時期由四川成都發行的交子是全世界最早發行的紙幣。交子源出民間，最初由商人自由發行，後因商人無力兌還其發行之交子而引起訴訟，政府遂規定交子之印製發行權收歸官辦，並於四川設益州交子務承辦印刷紙幣事宜，發行官交子。宋代的紙幣發行種類繁多，除了交子之外，尚有錢引、會子、

關子與小鈔等，在各地分別發行，如四川交子、陝西交子、淮南交子、四川錢引、陝西錢引、四川會子與湖北會子等。最早的紙幣文物是一張拓片，上半為十枚方孔圓錢和「除四川外許於諸路州縣公私從便主管並同見錢七百七十陌流轉行使」二十九字，下半為三人於屋外背運貨物之圖案。拓片之原鈔版已佚，後有好事者據以鑄為鈔版。學界認為此拓片應即是自宋代交子或會子之原鈔版拓下。到了元代，紙鈔已成為基本流通貨幣。元末因紙鈔發行過量導致嚴重的通貨膨脹，成為元代滅亡因素之一。明代紙鈔與銅錢兼用，到了中後期，白銀成為法定流通貨幣，大額交易多用銀，小額交易則用鈔或錢。

清初康熙年間，社會穩定，經濟發達，康熙皇帝在位長達六十一年，因此康熙通寶之鑄造量甚大，分別由全國二十四個鑄錢局生產，錢背面鑄滿、漢文標示鑄錢局名。由於康熙錢幣製作精美規整，銅質佳、品相多、版式繁，且錢文「康」為安寧，「熙」為興盛，寓意吉祥，後人遂將其中二十個鑄錢局的漢文名編排成《康熙錢幣背文詩》：「同福臨東江，宣原蘇薊昌。南河寧廣浙，臺桂陝云漳。」稱之為「詩文二十品」。

現代已不使用圓邊方孔的孔方兄，數千百年前流傳下來的各種古錢就晉升為現代的文雅物了。

祛病養生
施艾灸

　　中醫有「三寶」：一根針、一碗湯、一炷灸，其中的一炷灸就是流傳近三千年的艾灸療法。中醫古籍上記載「針所不為，灸之所宜」，「病藥之不及，針之不到，必須灸之」，可知艾灸是一種較扎針、服藥更為溫和有效的治療方法。艾灸是用燃著的艾草置於人體經絡穴位上，利用熱力傳導藥效來疏通經絡，協助氣血正常運行。艾灸不僅能治病，還有預防與保健的功效，所以，自古以來艾灸就是民間非常流行的日常療法。艾是艾草，具有治疾病與驅疫鬼的功效；灸的本字為久，為象形字，上部為側臥人形，下部是類似艾卷之物，像人受艾卷熏治之形，之後久字下加火演化為會意字灸，表示以燃燒的艾卷熏治人體穴位的治療方法。

　　《莊子》：「丘所謂無病而自灸也」與《孟子》：「今之欲王者，猶七年之病，求三年之艾也」等記載證明在春秋戰國時期，灸療之法已經相當盛行。

　　到了西漢時期，有關灸法的醫學典籍開始出現，如長沙馬王堆三號漢墓出土的帛書《足臂十一脈灸經》（圖1）與《陰陽十一脈灸經》是現存最早的經絡灸療專著，其中記載了各種經脈病症以及在相關經脈使用灸療之方法。對人體經絡的認知是中國醫學的基礎，灸療就是在這個基礎上發展出以艾草燒灼刺激正確的穴位，借由艾草藥熱通行人體經絡系統來調節五臟六腑與四肢百骸，使人體整體機能恢復正常。

　　由晉至唐宋是灸療發展最重要的時期，灸法專書大量出現，灸療範圍不斷擴展，灸療在醫療領域的地位益發重要。隨著灸療的專業化與普及化，唐宋時期開始出現以施行灸法為業的灸師。文起八代之衰的唐代文學家韓愈曾有詩云：「灸師施艾炷，酷若獵火圍。」當艾炷燒灼時，熱氣騰騰猶如以火圍獵的情景宛然眼前。據記載，唐代藥王孫思邈經常以艾火燒遍全身，所以，他一直到九十餘歲猶視聽不衰，神采奕奕。藥王長期灸艾養生，效果斐然。宋代曾有「灼艾分痛」的佳話傳世。《宋史》載：「太宗嘗病亟，帝往視之，親為灼艾。太宗覺痛，帝亦取艾自灸。」宋太祖趙匡胤與其弟宋太宗趙光義感情深厚，趙光義生病用艾灸治

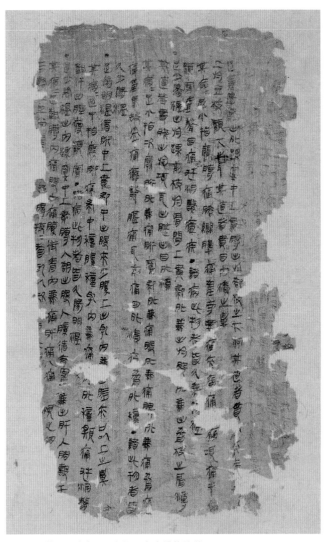

圖1　西漢　足臂十一脈灸經　湖南博物院藏

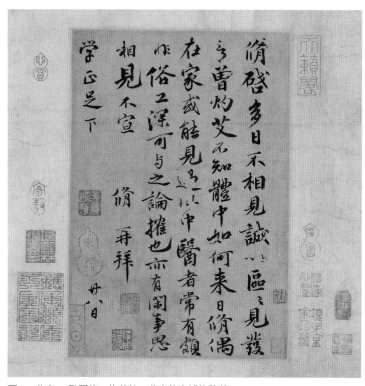

圖 2　北宋　歐陽修　灼艾帖　北京故宮博物院藏

療時，感覺疼痛，於是趙匡胤也取艾來自灼以分其痛，有苦同擔
的兄弟深情令人感動。

　　有關艾灸之傳世文物不多，北宋文學家歐陽修的《灼艾
帖》（圖 2）是極為少見的代表，信中謂：「見發言，曾灼艾，

不知體中如何？來日修偶在家，或能見過。此中醫者常有，頗非俗工，深可與之論權也。」帖中「見發言」的「發」為歐陽修長子之名，「灼艾」即艾灸。信中提到歐陽發曾經接受過艾灸治療。歐陽修認為灼艾是中醫常用的醫治手法，非一般俗工可為，是一門值得深入探討的學問。此信反映出灼艾在宋代是相當流行的治病保健方法。

宋太宗曾詔命諸太醫各獻家傳經驗藥方，加上太宗即位前親自蒐集的方子，交由翰林醫官們合作整理歸類，歷經十四年始編纂完成一部綜合性方書──《太平聖惠方》，內容包括內、外、骨傷、金創、胎產、婦、兒、丹藥、食治、補益、針灸等各門相關的理論與方藥，其中針灸一門詳細完備地記錄前代醫家之針灸論述與臨床應用，對後世灸法的進展發揮了承上啟下的作用。南宋時期出現第一部以艾灸治急病的專書──《備急灸法》，書中介紹二十餘種急症的灸療治方，即所謂「凡倉卒救人者，惟灼艾為第一」。

宋代灸艾的真實情況在唯一傳世的艾灸醫療實況圖中有著栩栩如生的描繪，此即宋代李唐的《灸艾圖》（圖3）。在寧靜村莊的柳樹蔭下，一位走村串巷賣藥為生的窮郎中，身著綴滿補丁的破舊衣衫，正弓著腰，手持艾條在患者背後施灸。病人上身袒露，雙目圓睜，肌肉因緊張而緊繃，髭鬚因疼痛而根根豎立。他

圖3　宋　李唐　灸艾圖　臺北故宮博物院藏

張著大嘴，聲嘶力竭地叫喊，顯現出被熱艾灼膚的錐心疼痛。病人雙臂被一旁面容清瘦、表情愁苦憂鬱的村民和另一蹲在地上之男子緊緊抓住，雙腿也被二人死命踩住，怕他因痛而掙脫，病人的衣裳因掙扎而凌亂不堪，幾乎無法蔽體。身邊的婦人用手按著病人肩膀，因害怕而閉著一隻眼，卻又因好奇而睜著另一隻眼，緊盯著艾灸治療。郎中卻絲毫不為叫喊聲所動，依舊神情專注，目光如炬地進行灸療，站在郎中身旁的小藥童身背成串膏藥幌子，手裡捧著一貼大膏藥，正張口向膏藥呵著濕氣，準備艾灸一結束即貼在瘡口上。安寧樸實的鄉下農村中，因灸艾治療而呈現出一種緊張的氣氛，宋代走方郎中灸艾治病的情景躍然紙上。

干支生肖
保平安

　　2021 年依中國人的說法是辛丑牛年，「辛丑」是中國古代天文曆法中干支紀年的用詞，牛在十二生肖中排名第二。干支是天干地支的簡稱，天干指甲、乙、丙、丁、戊、己、庚、辛、壬、癸十字；地支指子、丑、寅、卯、辰、巳、午、未、申、酉、戌、亥十二字。中國自古以天干及地支相互搭配來紀年、月、日、時，這就是中國古代的天文曆法，稱為干支紀年法。

　　遠古時代先民以漁獵農牧為生，古人觀察日月星辰等天象制定曆法，供人們依自然季節變化而生活工作，研究出十天干與十二地支相互搭配以循環計時，如甲子、乙丑、丙寅以至天干之末癸酉，然後重新開始以十天干接續地支為甲戌直至十二地支之末乙亥，接著再以地支接續天干為丙子、丁丑……如此自甲子開

始，經過十輪天干搭配五輪地支是一個完整循環，一直到下一個甲子需時六十年，因此六十年的時間被稱為一甲子。干支紀年法起源甚早，相傳史前三皇五帝時即已發明，但是由考古出土殷商甲骨上所刻六十干支序列圖可知，中國人在殷商時期已經開始使用干支紀年了。

十二生肖是由十一種源於自然界的動物即鼠、牛、虎、兔、蛇、馬、羊、猴、雞、狗、豬以及傳說中的龍所組成。據研究，甲骨文中的部族姓氏多為禽獸造型之象形文字，而上古十二大姓氏的先祖圖騰與甲骨文十二地支文字基本相合，例如子肖鼠形、丑為半側牛形、寅為虎頭、卯為兔之雙耳、辰為蜷曲龍蟲、巳為蛇形、午為馬頭形……由此推測十二地支文字可能是十二種部族動物圖騰的抽象表現形式。經過傳播普及，子、丑等十二地支文字逐漸與十二動物結合，形成家喻戶曉、易識易懂的十二地支生肖：子鼠、丑牛、寅虎、卯兔、辰龍、巳蛇、午馬、未羊、申猴、酉雞、戌狗、亥豬。

十二生肖從起源到完善，歷時漫長，最早出現地支與生肖搭配的文獻資料見於周代《詩經》中：「吉日庚午，既差我馬。」意為庚午是躍馬出獵的好日子，庚午與馬的對應，吻合十二生肖的午馬。十二生肖出現的最早實物數據，是湖北與甘肅出土的秦簡。兩批秦簡上均有關於十二生肖的記載，如湖北睡虎地秦簡所

載地支與動物搭配之生肖順序為子鼠、丑牛、寅虎、卯兔、辰□
（缺文）、巳蟲、午鹿、未馬、申環、酉水、戌老羊、亥豕。秦
簡中的十二生肖和現在的生肖雖略有差異，但已接近完整，可見
十二生肖的配屬在先秦時期已基本成形且廣為流傳。

　　現存的十二生肖文物大多數是隨葬明器，古人將人的命格與
十二生肖結合而成生肖俑，按一定方位排列於墓室中，因為人們
相信十二生肖俑有鎮墓辟邪作用，可以保護墓主亡靈並保佑子孫
平安多福。作為隨葬品的十二生肖俑最早出現於南北朝時期的墓
葬中，如山東北魏墓葬群出土陶質十二生肖俑中生肖排名第三的
虎（圖 1），簡單寫實的灰陶動物形象伏臥於相配套的龕臺上，
質樸中透著盎然生機。

圖 1　北魏　灰陶生肖俑　虎
　　　　山東省文物考古研究院藏

圖2 南宋 十二生肖俑 羊
江西省博物館藏

到了隋唐時期，出現穿著文官服飾獸面人身的坐姿十二生肖俑。初唐末高宗武周時期，立姿獸首人身生肖俑出現，並逐漸取代坐姿生肖俑。隋唐的生肖俑大多為陶制，也有少數石制、瓷制、琉璃制與泥塑者。唐代民眾將十二生肖俑當作神像來供奉，不僅體現當時文化藝術之繁榮，也透露出唐人對神靈的敬畏與對死者的尊敬，十二生肖文化在唐代發展到巔峰。

到了宋代，十二生肖俑多以人像為主，動物造像退居次要地位，生肖動物或塑於人像之頭冠上，或由文官俑雙手捧於胸前，如南宋十二生肖俑中排名第八的羊（圖2）。南宋末期，動物形象之生肖已全然消失，取而代之者為文官俑器座上所書象徵十二生肖的子、丑等地支文字。南北朝、隋、唐、五代與宋墓中的十二生肖俑有著鮮明的中國民俗文化特色，然而，中國特有的生肖俑卻在南宋以後絕跡，其形象只

能在文獻與文物中重溫。

　　南北朝與隋唐時期開始利用十二生肖紋飾作為銅鏡的裝飾，其圖案佈局結構嚴謹，紋飾以十二生肖為主，搭配瑞獸或花草紋。如隋代十二生肖紋鏡（圖3），鏡背邊緣飾一周三角形紋，背中央為圓紐，紐外繞以三圈凸弦紋，內圈飾八個小乳釘紋，中圈為卷草花紋，外圈分十二格，格中各飾一生肖動物。這種分格的十二生肖紋鏡，極具特色，之後歷朝歷代相繼鑄造飾以十二生肖之各樣銅鏡。十二生肖由鎮墓辟邪的陪葬俑逐漸轉化為實用工藝品的紋飾。

圖3　隋　十二生肖紋鏡
　　　臺北故宮博物院藏

　　中國古代農業社會中，牛是重要的生產動力，從農耕到交通甚至在軍事上都能廣泛運用，耕牛因此成為我國農耕文明的標誌之一。在十二生肖中，牛性情溫和、忠厚老實，體型雖大但不欺負弱小，力氣大並有耐力，吃苦耐勞，所以生肖屬牛的人通常會像牛一般有股牛勁兒，苦幹實幹，更有著一種堅持原則的倔強牛脾氣。

　　中國人對牛的好感常反映於歷代繪畫中，如臺北故宮博物院收藏的宋代李唐《乳牛圖》（圖 4），畫幅中一位小牧童悠閒地

圖 4　宋　李唐　乳牛圖　臺北故宮博物院藏

圖 5　（傳）唐　戴嵩　鬥牛圖　臺北故宮博物院藏

伏趴在母牛背上，回頭看著後面跟隨的小牛；小牛一面快步追著母牛，一面引頸呼喚娘親；牛媽媽則一面邁步向前，一面搖著尾巴回應，舐犢情深的母子親情洋溢畫面。再如傳為唐代畫家戴嵩的《鬥牛圖》（圖 5），畫中生動地描繪二牛嬉戲相鬥的場面，後面一牛正低頭奮力用角抵撞，前面一牛則急忙躍起，一面閃開，還一面扭頭看著夥伴，兩頭牛像是在玩耍，並沒有劍拔弩張的凶悍表情。收藏此畫的乾隆皇帝發揮想像力，題詩道：「角尖項強力相持，蹴踏騰轟各出奇。想是牧童指點後，股間微露尾垂垂。」鮮活地引出畫面中沒有出現的牧童以及牛兒夾著尾巴蹴踏角抵的牛勁兒。

曲水流觴 憶修禊

　　中國古代有一種除災祈福的儀式，稱為祓禊。祓是消除洗滌，禊是臨水淨身，祓禊即沐浴洗滌去垢以除病消災之儀式。相傳周代已有水濱祓禊之俗，分春秋兩季舉行，春禊在農曆三月上旬第一個巳日，正當天氣回暖之時，人們到水邊手持蘭草祛邪，用香草沐浴，洗去一冬污垢，祓除疾病不祥，祈求平安健康。《論語》所記：「暮春者，春服既成，冠者五六人，童子六七人，浴乎沂，風乎舞雩，詠而歸。」正是春禊儀式。由於春禊的時間在三月上巳日，故亦稱為上巳節。到了秦漢時期，上巳節已成為全國性的重要節日，由於農曆三月上旬的巳日每年不同，魏晉以後遂將上巳節固定於三月初三日。

　　相傳周王於祓禊儀式後，與賓客在洛水邊宴飲，不料酒觴墜

入洛水，在月光下隨波漂流，下游賓客拈起酒觴一飲而盡，月色宜人，流觴風雅，史稱「月光禊洛」。由此佳景美事發展而成祓濯儀式之後，接著進行的臨水宴飲活動。通常由童僕在溪流上游，將酒觴盛酒後，逐個放在水面上，酒觴順流而下，席坐水邊的親朋好友各自取杯飲酒，歌詠賦詩，賓主盡歡，稱為流杯曲水或曲水流觴。魏晉以後，曲水流觴已發展為上巳節的主要活動。每逢三月初三日，國人結伴於江渚池沼間祓濯、禊飲並踏青，充分享受水上迎祥之樂。然而自明代以降，上巳節祓禊祈福之意日薄，春遊尋樂之意益濃，最後與寒食節一起併入清明節，上巳原有的流觴、探春、戴柳與踏青等習俗亦納入清明節活動，而早期的祓濯與寒食等習俗則湮滅不傳。

古代酒杯依容量之不同而名稱各異，《儀禮註疏》載：「爵一升，觚二升，觶三升，角四升，散五升。」周代將盛滿酒的酒杯稱為觴，而進行曲水流觴時所用之觴則多為羽觴，外形橢圓，腹淺底平，口沿兩側各有半月形耳便於執持，因其形如鳥之雙翼，故稱羽觴，而其狀亦如人耳，故也叫耳杯。羽觴出現於戰國時期，一直使用到魏晉。考古出土的羽觴有漆、銅、金、銀、玉等各種材質，例如西漢墓出土的雲紋耳杯（圖1）即木胎紅黑漆制之羽觴，橢圓平底，月牙狀雙耳微翹，杯內髹紅漆底，黑漆繪卷雲紋，底部黑漆隸書「君幸酒」三字，為請君飲酒之意。木胎

圖1　西漢　雲紋耳杯
　　　湖南博物院藏

漆製羽觴體量輕盈，所以盛滿酒仍能漂流於水上，綠水朱杯相映
成趣，遙想當年修禊之風雅逸興，思古之幽情油然而生。

　　歷史上最著名的曲水流觴當推東晉時期的蘭亭集會，一千六
百多年前的上巳日，時任會稽內史的王羲之邀請諸親好友四十一
人，齊聚浙江紹興的蘭亭，祓禊儀式後，流觴飲酒，吟詩歌詠，
共得詩三十七首，彙集成冊後，微醺的主人王羲之用鼠鬚筆在蠶
繭紙上寫下膾炙人口的《蘭亭集序》：「暮春之初，會於會稽山
陰之蘭亭，修禊事也。群賢畢至，少長咸集。此地有崇山峻嶺，
茂林修竹，又有清流激湍，映帶左右，引以為流觴曲水，列坐其
次，雖無絲竹管弦之盛，一觴一詠，亦足以暢敘幽情。」這篇抒
發祓濯禊飲心情的《蘭亭集序》亦稱禊帖，文辭雋妙雅逸，寓意

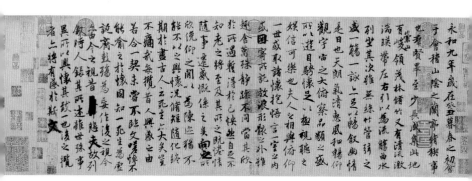

圖 2　唐　馮承素　行書摹蘭亭序卷　北京故宮博物院藏

曠達灑脫，書法遒媚飄逸，自然天成，蘭亭修禊雅集不僅因此而留名青史，羲之所書《蘭亭集序》更成為後世追慕效法的典範。

《蘭亭集序》傳至唐代，被唐太宗奉為「天下第一行書」，王羲之則被尊為「書聖」。遺憾的是真跡已隨唐太宗入昭陵殉葬，所幸太宗曾令書家虞世南、褚遂良、歐陽詢與馮承素臨摹，並製作拓本賜予王公大臣。是以《蘭亭集序》真跡雖已不存，而下真跡一等的唐摹本（圖 2）仍流傳至今供世人欣賞瞻仰。

蘭亭修禊的情景除了從《蘭亭集序》中體會外，更有許多以蘭亭雅集為主題的繪畫可供追憶，有取其山水人物作寫意畫風者，也有詳細描繪四十一位名士者。如傳為宋代郭忠恕的《摹顧愷之蘭亭讌集圖》卷，畫面起始童僕在上游將盛滿酒的各式杯盞放在荷葉上，小心翼翼地把荷葉酒盞放於潺潺流水上，載著羽觴

的片片荷葉順流而下，將美酒送給與會嘉賓（圖3）。畫中列坐
於曲水兩岸之名士身側都書有榜題，錄其名銜與所賦詩文，自右
而左依次為魏滂與王羲之（圖4），羲之名銜旁錄其所作《蘭亭
詩》二首，細品其一：「代謝鱗次，忽焉以周。欣此暮春，和氣

圖3　（傳）宋　郭忠恕　摹顧愷之蘭亭讌集圖卷（局部　童僕流觴）
　　　臺北故宮博物院藏

圖4　（傳）宋　郭忠恕　摹顧愷之蘭亭讌集圖卷（局部　名士詩文）
　　　臺北故宮博物院藏

圖 5　明　仇英　修禊圖（局部）　臺北故宮博物院藏

載柔。詠彼舞雩，異世同流。乃攜齊契，散懷一丘。」當年王羲之於蘭亭修禊時，散懷山水，蕭然忘羈的情境躍然眼前。

　　唐宋以後，曲水流觴成為畫家們喜愛的繪畫主題，如明代四大家之一的仇英於《修禊圖》（圖 5）中描繪飲罷流觴之酒後的文士們，或於溪畔席上起舞高歌，對卷凝思醞釀詩文，或於臨水竹林中吟詩作賦，清談論道。清代院畫《十二月月令圖》之「三月流觴」（圖 6）中，則將曲水流觴與農夫犁田、漁家捕魚以及兒童踏青、放飛紙鳶等活動結合，呈現出三月清明時節之春日即景。

圖6　清院本　十二月月令圖之三月流觴　臺北故宮博物院藏

清明時節
雨紛紛

　　清明節是從清明節氣演變而來，節氣是物候變化與時令順序的標誌，根據《曆書》記載：「春分後十五日，斗指乙，為清明，時萬物皆潔齊而清明。」因春分後十五日，大致在四月五日左右，萬物皆潔齊而清明，故名為清明，這是一個決定農事進展和生活起居參考的節氣。

　　節日是包含民俗活動以及特殊紀念意義的日子。在古代中國二十四個節氣當中，只有清明和冬至兩個節氣被定為節日。清明由節氣轉化為祭祖的節日則與寒食節有關聯，相傳上古時期因季節不同須用不同的木材鑽火，因而有改季改火之俗。改火之後，須換取新火，新火未至，禁止生火，只能吃冷食，故名寒食。寒食節期間禁火三天，主要節俗為冷食、上墳、蹴鞠、盪鞦韆、拔

河與放風箏等。寒食節通常是在冬至後第一百零五日,與清明日期相近。唐代以前,寒食與清明是兩個前後相連而主題不同的節日,寒食懷舊悼亡,清明求新護生。到了唐代,寒食節已經發展為一個隆重的全國性節日,當時上墳祭墓的情形在白居易《寒食詩》中有生動描述:「丘墟郭門外,寒食誰家哭。風吹曠野紙錢飛,古墓累累春草綠。棠梨花映白楊樹,盡是死生離別處。冥冥重泉哭不聞,蕭蕭暮雨人歸去。」由於寒食不舉火,不能燒化紙錢,故將紙錢壓於墳上,稱為掛紙。祭墓時紙錢隨風飛起,故有「風吹曠野紙錢飛」之句。於長沙出土的唐代瓷壺上有墨書《寒食詩》:「寒食元無火,青松自有煙。鳥啼新上柳,人拜古墳前。」簡潔質樸的詩句描繪唐代寒食節插柳祭掃的情景。唐代以前,中國的春祭都在寒食節,寒食節三天之後是清明節,唐初寒食節和清明節放假共計四天。《唐會要》記載,唐代宗明令自今以後,寒食同清明,寒食遂與清明合而為一,之後寒食節逐漸為清明節所取代。

與清明節時間點極接近的上巳節,是從周代開始,每年於農曆三月上巳日去水邊舉行的招魂祓禊儀式。因為農曆三月上旬,萬物復甦,春臨大地,上巳日即成為招魂續魄、祓除不祥、去除穢氣的節日。發展到唐代,上巳節已成為一個重要節日,除了原有的祓除、修禊、佩蘭草等節俗,更加入踏青遊樂

等活動。結伴春遊的熱鬧情景正如詩聖杜甫《麗人行》所述：「三月三日天氣新，長安水邊多麗人。」然而上巳節祓禊、佩蘭草、踏青等節俗，自唐代開始也和寒食節一樣漸被併入清明節。王維《寒食城東即事》詩中寫道：「蹴鞠屢過飛鳥上，鞦韆競出垂楊裡。少年分日作邀遊，不用清明兼上巳。」詩中提到寒食蹴鞠、盪鞦韆與上巳春遊等節俗活動，已與清明節密不可分。到了宋元時期，原為一個單純的農業清明節氣，因融合了寒食節和上巳節兩個古老節日的精華，終於晉升為重要的節日。自此，清明與端午、春節、中秋並列為中華四大傳統節日。

　　唐代後期，寒食與清明連假增為七天。宋代承襲唐制，清明節放假七天。因為承接了寒食節與上巳節豐富的節俗，清明節除了掃墓祭祖、寒食賜火外，還有踏青、射柳、蹴鞠、放風箏與盪鞦韆等活動。北宋東京開封府居民於清明節出城賞春的情景在《東京夢華錄》中有詳細的描述：「往往就芳樹之下，或園囿之間，羅列杯盤，互相勸酬。都城之歌兒舞女，遍滿園亭，抵暮而歸。」出城祭墓之後，接著踏青賞春，宴飲行樂，一路上更有各色藝人表演戲曲雜技，以娛遊人。描繪北宋都城汴京繁華盛景的名畫《清明上河圖》中，清楚呈現出汴梁地區的節慶活動，例如河邊放風箏（圖1）、院中盪鞦韆（圖2）與街上看偶戲（圖3）等。而最熱鬧的莫過於酬神的野臺戲（圖4），戲臺上演出貂蟬梳

圖 1　清院本　清明上河圖（局部　放風箏）　臺北故宮博物院藏

圖 2　清院本　清明上河圖（局部　盪鞦韆）　臺北故宮博物院藏

圖3　清院本　清明上河圖（局部　偶戲）　臺北故宮博物院藏

圖4　清院本　清明上河圖（局部　野臺戲）　臺北故宮博物院藏

妝、呂布擲戟的三國故事，正是董卓掀簾闖見呂布戲貂蟬的緊張時刻，簇擁在戲臺四周的民眾一個個伸長了脖子觀看，有的觀眾索性站到凳子上看個仔細，另外還有騎在驢或馬背上、坐在扁擔上、爬到樹上、撐傘站在船篷上，甚至攀在戲臺支柱上看的。最有意思的是戲臺邊上一戶人家的後院裡，兩名婦女被戲曲鑼鼓聲響吸引，顧不得會拋頭露面，乾脆登梯倚在牆頭上看個痛快！

清明節的熱鬧氣氛到了南宋更上層樓，錢塘人吳自牧在他的筆記《夢粱錄》中寫道：「車馬往來繁盛，填塞都門。宴於郊者，則就名園芳圃，奇花異木之處；宴於湖者，則彩舟畫舫，款款撐駕，隨處行樂。此日又有龍舟可觀，都人不論貧富，傾城而出，笙歌鼎沸，鼓吹喧天。雖東京金明池，未必如此之佳。殢酒貪歡，不覺日晚，紅霞映水，月掛柳梢，歌韻清圓，樂聲嘹亮。」生動地記錄了南宋都城臨安府的清明盛況。

唐代詩人杜牧詩「清明時節雨紛紛，路上行人欲斷魂」描述古代中國清明時節的哀傷，但接下來的詩句「借問酒家何處有，牧童遙指杏花村」卻透露出清明節慶的歡樂。明清時期，清明節上墳祭祖之後的飲酒賞花、蹴鞠、盪鞦韆乃至放風箏等行樂活動逐漸式微，不過，唐宋時期清明節熱鬧多彩的盛況雖已不再，清明掃墓、祭祖、踏春的傳統卻依然流傳至今。

龍舟競渡
慶端午

春節、清明節、端午節與中秋節是中國人的四大傳統節日，清明節後春夏交接，就到了農曆五月五日的端午節。「端」字是開端或初始之意，「端五」即是「初五」，按照曆法地支紀月，五月是「午」月，「端五」遂變成「端午」。

古代中國人認為農曆五月是春夏節氣交替之際，也是瘟鬼和蟾蜍、蠍子、壁虎、蛇與蜈蚣「五毒」不祥之物集中出現的時間，民間因而稱五月為「毒月」。五月五日被認為是不吉利的日子，因此也叫作「惡月惡日」。在這一天人們會用不同的方式驅除瘟疫和厄運，並貼神符辟邪驅魔。農曆五月五日的端午節遂成為一個驅疫除厄的節日。過節時插菖蒲、艾葉，佩香包以驅邪避凶，喝雄黃酒以避疫，划龍舟以競相驅除瘟邪。

　　端午節起源主要有三個傳說。以時間順序而言，第一個傳說是紀念春秋時期楚國的伍子胥。因其父兄為楚王所殺，子胥遂投奔吳國，助吳王闔閭西破強楚，北威齊晉，南服越人。後吳王夫差繼位，伐越大勝，越王勾踐請和，子胥建議滅越以絕後患，夫差不聽，反而聽信太宰嚭讒言，賜劍子胥自刎。子胥臨終預言吳將亡於越，夫差聞言大怒，以皮革裹子胥屍於五月五日投入錢塘江。為紀念這位忠臣，每年五月初五，蘇州百姓家家包粽子投入江中，希望江魚吃粽子而不食子胥，於是吃粽子成為端午節的習俗。第二個傳說是紀念戰國時期楚國的屈原。他力主聯齊抗秦，因楚國貴族強烈反對，遭讒去職，被流放至沅湘流域。後秦軍破楚，攻陷郢都，楚王被迫遷都。眼看楚國危矣，身為臣子卻不能回朝效力，苦悶絕望的屈原寫下絕筆作《懷沙》後，抱石投入汨羅江，以身殉國。屈原死後，楚人出舟楫往救之，並將飯糰投入江中餵魚蝦，以免屈原為魚蝦所食，從此形成每年五月初五吃粽子與龍舟競渡以紀念屈原的端午節習俗。第三個傳說是紀念東漢孝女曹娥。曹娥父親溺於江中，數日不見屍。年僅十四歲的曹娥，沿江號哭十七晝夜後投江。五天後，也就是五月五日那天，父女相擁之屍身浮出水面，民眾感念其孝行而祭之。以上三種傳說中，以端午節源於紀念愛國詩人屈原之說流傳最廣。

其實，龍舟競渡的習俗早在屈原之前即已存在，現存最早的划龍舟圖像是浙江寧波出土的羽人競渡銅鉞（圖 1），這個戰國時代越國的銅鉞上飾有一列戴羽毛高冠的人持槳奮力划龍舟的圖像。此外，蘇州自古即有以龍舟迎接潮水之神伍子胥的習俗。因為古代中國人把船當作送走災邪的工具，故龍舟競渡也是一種競相驅瘟避邪的活動。

古代龍舟競渡之情景可由唐人張建封《競渡歌》中略窺一二：「鼓聲三下紅旗開，兩龍躍出浮水來。棹影斡波飛萬劍，鼓聲劈浪鳴千雷。鼓聲漸急標將近，兩龍望標目如瞬。坡上人呼霹靂驚，竿頭彩掛虹霓暈。」描繪了在鑼鼓喧鬧與觀眾歡呼聲中，健兒們快捷如飛劍般奮力划槳，龍舟上下翻飛爭先搶奪五彩繽紛

圖 1　戰國　羽人競渡銅鉞
　　　寧波博物院藏

錦標的精彩壯觀畫面。

　　歷史上最負盛名的龍舟競渡是在北宋時期開封城西的金明池中進行。金明池原為水軍演練場，是皇帝觀賞模擬水戰的地方。其後天下承平日久，金明池漸成為宴遊之皇家園林。宋徽宗時曾增建亭臺樓閣，添置奇花異石，而原來的軍事訓練項目則變為娛樂性的百戲、水傀儡、水鞦韆與龍舟競渡等水戲表演。每年三月金明池向百姓開放，稱為「開池」。汴京居民傾城而出，偕往桃紅柳綠、春意盎然的金明池畔踏青並觀賞水戲。據宋人孟元老《東京夢華錄》記載，皇帝駕臨金明池，先賜宴群臣，然後乘坐大龍舟看水戲表演，再往臨水殿觀賞龍舟競渡的衝刺奪標，最後到寶津樓欣賞百戲雜耍。金明池邊的庭樹特准商民鋪設珍玉、奇玩、匹帛、日用物品、茶酒、飲食以及表演等綵棚，供民眾採買歇腿，此時的皇家園林搖身一變而成百姓遊樂公園。

　　元代畫家王振鵬在《龍池競渡圖》（圖 2）中詳細描繪宋徽宗崇寧年間三月三日開放金明池，出錦標與萬民同樂的情景。臨水殿閣是皇帝駕臨金明池觀賞水戲、賜宴大臣之處。畫面右方為皇帝巡遊之大龍舟（圖 3），左右各裝三支大槳，每四人合划一槳。船上建有三層樓臺，雕樑畫棟，華麗至極。船首龍頭栩栩如生，張口吐舌氣勢懾人。船身滿佈龍鱗，層層疊疊，一絲不苟。

圖2　元　王振鵬　龍池競渡圖　臺北故宮博物院藏

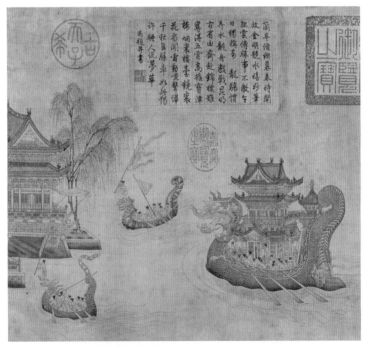

圖3　元　王振鵬　龍池競渡圖（局部 大龍舟）　臺北故宮博物院藏

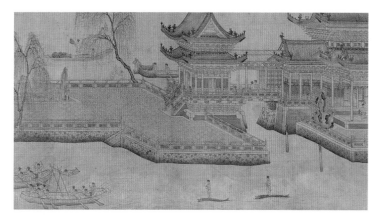

圖 4　元　王振鵬　龍池競渡圖（局部　魚形獨木舟）　臺北故宮博物院藏

　　另有八九艘小型龍舟，結構精巧，是競渡的主力隊伍，船上各附六到十槳不等，一人掌一槳，中央立一人，持小旗指揮號令，龍頭上立一人，持大旗引導行船並肩負奪標重任。

　　除了競賽諸舟，還有表演雜耍特技的小船間雜其間，有抱

圖 5　元　王振鵬　龍池競渡圖（局部 上桿、水鞦韆）　臺北故宮博物院藏

胸穩立於魚形獨木舟上者（圖 4），有擊鼓上桿與船上盪鞦韆
者（圖 5），為比賽添加不少歡樂的氣息。過了「駱駝虹橋」
後，即抵達五殿相連的寶津樓（圖 6）。寶津樓是皇帝登高觀看

圖 6　元　王振鵬　龍池競渡圖（局部 寶津樓）　臺北故宮博物院藏

金明池騎射與百戲之處，重殿玉宇，氣勢雄傑。奪得錦標的旗手
正在向欄杆後的大臣致意，殿內一臣躬身捧笏，似在報告水戲情
況。整幅畫呈現出古代龍舟競渡萬民同樂的熱烈景象。

驅疫除厄話鍾馗

　　每年農曆五月五日的端午節除了緊張刺激、鑼鼓喧天的龍舟競渡外，還有張貼鍾馗畫像的習俗。有關鍾馗驅鬼的傳說早在唐代已有。相傳唐明皇於夢中見到應考不中觸階而亡的鍾馗鬼魂正在驅逐小鬼，醒後即命畫家吳道子依其夢中形象繪製鍾馗畫像，並昭告天下於歲末懸掛鍾馗像以驅邪魅。明代以前民間的鍾馗像主要用於歲末，後因鍾馗善於抓鬼符合端午避邪驅魔之意，到明代中期以後鍾馗信仰漸移入端午節民俗中。

　　端午時節常出現蟾蜍、蠍子、壁虎、蛇和蜈蚣五種毒蟲，舊俗多貼張天師像以鎮邪驅逐病害。而五月瘟疫易流行，病死者眾，因此人們又請出專門捉鬼的鍾馗擔當夏季驅五毒除瘟鬼之重任。清代《清嘉錄》所載：「堂中掛鍾馗畫圖一月，以祛邪

魅。」《燕京歲時記》中記錄：「每至端陽，市肆間用尺幅黃紙，蓋以朱印，或繪畫天師、鍾馗之像，或繪畫五毒符咒之形，懸而售之，都人士爭相購買，粘之中門，以避祟惡。」由此可知，到了清代，家家戶戶都會在端午節期間懸掛鍾馗像以鎮宅驅邪。

　　鍾馗畫像大致可分為版畫鍾馗和繪畫鍾馗兩種形式。版畫鍾馗強調其神性，大多為「鎮宅神判」和「五福鍾馗」等形象，或是鍾馗手持七星劍，瞪著銅鈴般大眼刺殺小鬼，以彰顯鎮宅驅邪功能，或是鍾馗抓鬼與五種毒蟲，以驅邪鎮宅並降福趨吉。畫中也會出現八卦太極圖、五雷鎮五毒神符以及「靈符鎮宅」、「驅邪降福」等朱文印章，加強驅邪納福之效果。

　　繪畫鍾馗則較版畫多樣化，主角同樣是鍾馗，但畫中情境則因畫家各自的創意而妙趣橫生，如清代華嵒《午日鍾馗》中的鍾馗歪戴烏紗帽，醉眼朦朧地欣賞著園中蜀葵榴花盛開美景，旁邊的鬼卒表情生動，令人莞爾。畫家題詩曰：「黃油紙傘日邊遮，中酒鍾馗紗帽斜。醉眼也隨蜂蝶去，小西園裡鬧蛬花。」與民俗版畫肅殺除魔的神性鍾馗截然不同，華嵒的午日鍾馗呈現出有血有肉的人性鍾馗。而清人所繪《豐綏先兆圖》（圖1）則俏皮地展現幽默與祥瑞之意趣，畫題「豐綏先兆」取「封祟仙照」之諧音。上方一蝙蝠翱翔於天，鍾馗著朱袍坐在四鬼身上，脫下烏帽

圖1　清　豐綏先兆圖　臺北故宮博物院藏

圖 2　清　金廷標　鍾馗探梅　臺北故宮博物院藏

正攬鏡自照。史稱鍾馗相貌醜陋，所以，鍾馗看著鏡中的自己也
不免嚇一跳，被壓坐的四名小鬼卻是一副無可奈何的表情，展現
出畫家的巧思。清代畫院畫家金廷標《鍾馗探梅》（圖 2）描繪
出鍾馗踏雪尋梅之雅興。鍾馗頭戴竹笠，足蹬破靴，撩袍於背以

圖3　（傳）明　李士達　寒林鍾馗
臺北故宮博物院藏

盛放所摘大捆梅花，僕從口銜梅枝手撐破傘隨其身後。雪天探梅的情境實則隱喻鍾馗孤傲不群的個性。

　　據東晉葛洪《抱朴子》記載，樹林中每多魑魅魍魎等出沒，故鍾馗常出現於寒林，是以歷代流傳不少以「寒林鍾馗」為題之

畫。如傳為明代畫家李士達的《寒林鍾馗》（圖 3）中，鍾馗戴笠騎牛趕路，四名鬼役持梅枝、荷琴囊、捧書卷隨侍其側。鍾馗弓背縮身於牛背，竹笠帽帷被朔風吹得獵獵作響，風中寒柳與飛鳴鳥鵲烘托出一片蕭瑟肅殺的景象。明四大家之一的文徵明《寒林鍾馗》（圖 4）則呈現出另類的鍾馗形象。鍾馗立於寒林之中，有別於持劍斬鬼的武將樣貌，他腰插笏板，攏手於袖，略帶微笑地抬眼望著林梢，儼然一派文士風神。乾隆皇帝非常讚賞此畫，在金粟山藏經紙裱成的詩塘上題道：「疑是地仙抑鬼仙，寒林漠漠立輕煙。長髯袖手如微笑，幻閱人間二百年。」

　　端午節除了賽龍舟、吃粽子、佩香囊外，還有懸「天中五瑞」之習俗。天中為端午之別稱，因夏至時，太陽直射北迴歸線，古人認為五月五日太陽行至中天最高點，得一年之天地正中元氣，故端午節又稱為天中節。為了對付在端午節期間出沒的五毒，古人找出有消炎、鎮痛、祛風邪、散寒濕等功效的菖蒲、艾草、石榴花、蒜頭和龍船花五種藥性植物，用來辟邪驅瘟，五者合稱「天中五瑞」。菖蒲含有揮發性芳香油，可殺蟲滅菌，且葉形似劍，插於門楣可以避邪，有驅魔祛鬼之效，因而有「蒲劍斬千邪」之說。菖蒲也因此被認為是「天中五瑞」之首。艾草的香味可以驅蚊蠅蟲蟻、淨化空氣，是一種可以治療疾病的藥草，代表百福，插在門口，以保身體健康。所以，

圖4　明　文徵明　寒林鍾馗　臺北故宮博物院藏

俗諺「五月五日午，天師騎艾虎。手持菖蒲劍，瘟神歸地府」廣為流傳。石榴花紅似火，果實能生津止渴，解酒祛毒。蒜頭氣味辛烈，蒜汁能解毒、殺蟲、殺菌、消炎，懸於門外以消毒驅疫。龍船花盛開時極似昂首競渡的龍船，因此得名。把龍船花紮成花束懸於門檻，具有辟邪除瘴之功效。

　　與端午節相關的繪畫也常以天中五瑞作為主題，構圖大致分為清供式與成束式兩類。清供式宋、元、明一脈相承，以清雅的花草與器物為主體。成束式則以成束之花卉植物置於畫面，於明代發展成熟。清供式天中五瑞圖可以元人《天中佳景》（圖5）為例，梅瓶中插著蜀葵、榴花與菖蒲等五月花卉，榴枝還繫著精緻香囊，盤中則放著粽子、荔枝與石榴等應景果物。畫幅上方另繪四道靈符，中央繪持劍鍾馗像。符咒自黃帝時代起，即被視為驅鬼的工具。將怒目仗劍的鍾馗和靈符並列，代表神明鍾馗保佑著百姓的平安。成束式天中五瑞圖則如清代陳舒《天中佳卉》（圖6），圖中繪端午時節當季花果，菖蒲、蜀葵、榴花、萱草、艾草與枇杷，含蘊驅疫避邪保平安之寓意。端午佳節期間，在家中懸掛如此明亮淡雅的吉祥五瑞圖可是絕佳的選擇呢！

圖5　元　天中佳景　臺北故宮博物院藏

圖 6　清　陳舒　天中佳卉　臺北故宮博物院藏

月到中秋
分外明

自古以來，每到中秋節，圓亮皎潔的明月都會散發出柔和的
光芒。這光芒照耀過歷代祖先，也照耀著我們。如宋代詞人朱敦
儒《水調歌頭・偏賞中秋月》中句──「偏賞中秋月，從古到如
今。金風玉露相間，別做一般清。是處簾櫳爭卷，誰家管弦不
動，樂世足歡情」，良有以也！

中國古代帝王有春天祭日、秋天祭月之禮制，據古籍載，
「天子春朝日，秋夕月」。由此觀之，上古時期天子秋天祭月之
禮儀或即是中秋節的起源。「中秋」一詞最早出現於《周禮》，
八月為孟、仲、季三秋之中，十五為月之中，故八月十五稱為
「仲秋」，亦稱中秋。

據文獻記載，漢代在中秋或立秋之日有敬老養老賜餅之活

動，晉代則發展為中秋賞月的活動。南北朝時期中秋尚未形成節日，隋唐之時中秋的節令概念逐漸形成。由《唐書·太宗記》「八月十五日為中秋節」之記載可知，一直到初唐，中秋始成為正式節日，而中秋當天也是皇帝賞賜群臣的日子。

唐代長安中秋賞月盛行，於是中秋節遂與「嫦娥奔月」、「吳剛伐桂」、「玉兔搗藥」、「楊貴妃變身月神與唐明皇游月宮」等神話故事相結合，為節日增加了不少浪漫氣息。到了宋代，中秋節已是全民參與的重大節日。南宋吳自牧《夢粱錄》中描述社會各界通宵達旦慶祝中秋節的熱鬧景象：「金風薦爽，玉露生涼，丹桂香飄，銀蟾光滿，王孫公子，富家巨室，莫不登危樓，臨軒玩月，或登廣榭，玳筵羅列，琴瑟鏗鏘，酌酒高歌，以卜竟夕之歡。至如鋪席之家，亦登小小月臺，安排家宴，團圞子女，以酬佳節。雖陋巷貧窶之人，解衣市酒，勉強迎歡，不肯虛度。此夜天街買賣，直至五鼓，玩月遊人，婆娑於市，至曉不絕。」宋代人們共度中秋佳節，賞月賞桂、酌酒高歌，闔家團圓的情景歷歷在目，如此歡度中秋的模式一直傳承至今。宋徽宗《閏中秋月帖》（圖 1）寫道：「桂彩中秋特地圓，況當餘閏魄澄鮮。因懷勝賞初經月，免使詩人嘆隔年。萬象斂光增浩蕩，四溟收夜助嬋娟。鱗雲清廓心田豫，乘興能無賦詠篇。」呈現在中秋月圓之夜，萬象浩蕩，詩人乘興賦詩，詠唱佳節的愉悅情景，

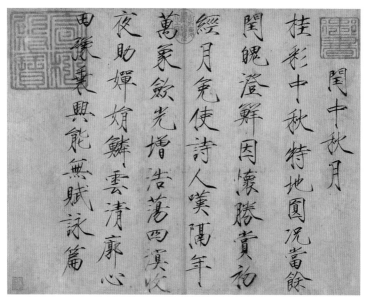

圖1　宋　趙佶　閏中秋月帖　北京故宮博物院藏

見證了千年前宋代中秋節的榮景。

　　月亮是中秋節的核心。古人祭月、賞月兼拜月，到了唐代更出現「玩月」的觀念。唐人歐陽詹《玩月詩序》：「月之為玩，冬則繁霜太寒，夏則蒸雲太熱，雲蔽月，霜侵人，蔽與侵俱害乎玩。秋之於時，後夏先冬；八月之於秋，季始孟終；十五於夜，又月之中。稽於天道，則寒暑均；取於月數，則蟾兔圓。」將玩月之精髓闡釋得淋漓盡致。唐人韋應物之詩句「暫輟觀書夜，還題玩月詩」，點明文人雅士在中秋月夜理應放下書本，題詩玩月才是正事。詩仙李白《花下獨酌》：「花間一壺酒，獨酌無相

圖2 宋 馬遠 對月圖 臺北故宮博物院藏

親。舉杯邀明月，對影成三人。」皎潔月光下與明月共飲一壺
酒，則更能得玩月三昧。宋代馬遠《對月圖》（圖2）將李白之詩
入畫，朦朧月光中，文士獨坐空山，舉杯邀請明月共飲，舉杯人

圖 3　清　張宗蒼　江潮圖
臺北故宮博物院藏

對天邊月，一股清雅孤高之氣靜靜散放。

中秋節最熱鬧的戶外活動當數錢塘觀潮，從農曆八月十一日到十八日皆宜觀潮，而以中秋夜潮最盛。中秋觀潮之俗由來已久，早在漢代枚乘《七發》賦中已有生動詳盡的描述：「江水逆流，海水上潮；山出雲內，日夜不止。衍溢漂疾，波湧而濤起。其始起也，洪淋淋焉，若白鷺之下翔。其少進也，浩浩澄澄，如素車白馬帷蓋之張。其波湧而雲亂，擾擾焉如三軍之騰裝……沌沌渾渾，狀如奔馬。混混庉庉，聲如雷鼓。」耳聽雷霆萬鈞的隆隆潮聲，眼觀激射震撼的水柱霧氣，浪花飛濺的錢塘潮彷彿已在眼前。清張宗蒼的《江潮圖》（圖 3）描繪的即是中秋觀潮情景。畫上乾隆皇帝題詩：「重疊束隘相吞吐，方諸應月信必赴。奔江射潮潮性怒，銀濤有進無回顧。」呼應著排山倒海如萬馬奔騰而

圖 4　清　張廷彥　中秋佳慶　臺北故宮博物院藏

圖5　清　弘曆觀月圖　北京故宮博物院藏

來之江潮，波浪衝崖撞石，銀色怒濤激射的壯闊畫面。

宮廷中過中秋節的情景如清代張廷彥《中秋佳慶》（圖 4）所描繪，明月高懸下的亭臺樓閣中正進行著各項活動，由下而上可見擔挑食物、手捧餐盤的僕從，侍立庭中候旨等待演出的樂隊，廊下三三兩兩閒談的官員以及高臺上舉扇執燈列隊表演的宮女們，樓中賓客與主人正歡愉熱鬧地慶祝中秋佳節。

中秋月夜獨自靜賞月色亦別有風味。清人《弘曆觀月圖》（圖 5）描繪乾隆皇帝身著漢裝獨坐桂樹下賞月。身後一隨從舉障扇侍立，一童僕手捧朱漆茶盤於一旁伺候，茶盤中有一青花蓋碗。雙層斑竹茶架中擺放著各種茶具。乾隆皇帝安逸地蹺腳倚坐，抬頭出神地望著一輪明月，享受著難得的清閒時光。

高掛天際的明月照著大地，一片寧靜清幽。自古而今，同一輪月亮見證著一代又一代的中國人不斷學習成長，引領中華文明綿延發展，生生不息！

後記

　　本書稿總計約十五萬字，圖版近二百五十張，除了兩岸故宮博物院收藏之文物外，通過臺灣中華翰維文化推廣協會理事長陳春霖引介國家文物交流中心同仁協助，得到十五家博物館的大力支持，經過數月聯繫溝通，終於取得所有圖版的使用權。

　　在此特別感謝（依筆畫順序）上海博物館、山東省文物考古研究院、中國錢幣博物館、甘肅省博物館、北京故宮博物院、江西省博物館、青海省博物館、河北博物院、河北省文物考古研究院、秦始皇帝陵博物院、湖南博物院、臺北故宮博物院、鳳翔縣博物館、寧波博物院、濟南市博物館，無償出借藏品之高清圖片；更由衷感謝著名書法家杜忠誥老師慨允題寫「文化的記憶」書名。

　　在增補重寫本書時，特意將原本直白不加修飾的篇名改為更能說明內容且優美如詩一般的七言標題，例如「飲茶」改作「煮煎點泡飲茶趣」、「學校」改作「興學教化育英才」、「毛筆」改作「蒼毫玉管四德全」、「胡人在中國」改作「胡漢融合開盛

世」，其中「墨與硯」改作「墨丸入硯細無聲」則是引用南宋愛
國詩人陸游的詩句。採用七言標題，除了統一篇目格式外，也藉
以抒發些許詩人情懷。

　　本書美編專業而考究，內文行距寬鬆，易於閱讀，大幅彩色圖
片與排列疏朗的文字構成清爽大氣的版面，文章的七言標題設計為
四字與三字兩行，配上與內容相應的文物點綴於旁，尤具巧思！

　　本書之增補修訂於庚子鼠年與辛丑牛年間持續進行，完稿後
因全球疫情影響，延至甲辰年始出版，簡體版書名《中華文化之
美》，由北京故宮出版社發行，繁體版書名《文化的記憶：穿越
五千年，體驗中華生活文化之美》，由時報出版發行，期望讀者
們能因閱讀本書而引發對中國傳統文化深入探究的興趣，同時祝
願大家闔家幸福，吉祥安康！

HISTORY 76

文化的記憶：穿越五千年，體驗中華生活文化之美

作　　　者—朱惠良
題　　　字—杜忠誥
責任編輯—陳萱宇
主　　編—謝翠鈺
行銷企劃—鄭家謙
封面設計—陳文德
版式設計—王　梓
美術編輯—菩薩蠻數位文化有限公司

董 事 長—趙政岷
出 版 者—時報文化出版企業股份有限公司
　　　　　一〇八〇一九臺北市和平西路三段二四〇號七樓
　　　　　發行專線—（〇二）二三〇六六八四二
　　　　　讀者服務專線—〇八〇〇二三一七〇五
　　　　　　　　　　　（〇二）二三〇四七一〇三
　　　　　讀者服務傳真—（〇二）二三〇四六八五八
　　　　　郵撥—一九三四四七二四時報文化出版公司
　　　　　信箱—一〇八九九 臺北華江橋郵局第九九信箱
時報悅讀網—http://www.readingtimes.com.tw
法律顧問—理律法律事務所 陳長文律師、李念祖律師
印刷—和楹印刷有限公司
初版一刷—二〇二四年十一月二十二日
定價—新臺幣六八〇元
缺頁或破損的書，請寄回更換

文化的記憶:穿越五千年,體驗中華生活文化之美/
朱惠良著. -- 初版. --

臺北市:時報文化出版企業股份有限公司, 2024.11

　　面;　　公分. -- (History ; 76)

ISBN 978-626-396-815-8(平裝)

1.CST: 中國文化 2.CST: 社會生活

630   113013806

ISBN 978-626-396-815-8
Printed in Taiwan